Maleh (Hrsg.) · Open Space in der Praxis

Konzept und Beratung der Reihe Beltz Weiterbildung

Prof. Dr. *Karlheinz A. Geißler*, Schlechinger Weg 13, D-81669 München.
Prof. Dr. *Bernd Weidenmann*, Weidmoosweg 5, D-83626 Valley

Carole Maleh (Hrsg.)

Open Space in der Praxis

Erfahrungsbeispiele: Highlights und Möglichkeiten

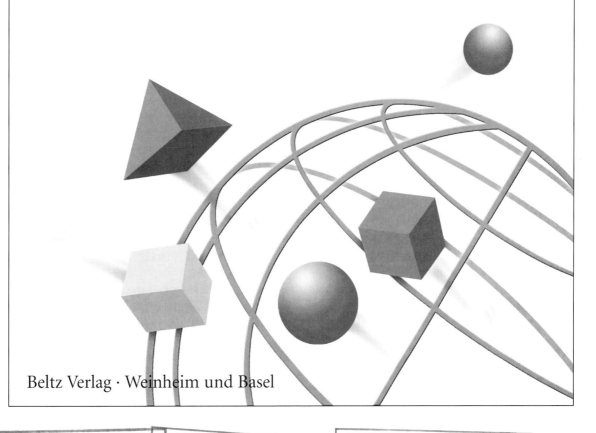

Beltz Verlag · Weinheim und Basel

Carole Maleh, Jg. 1967. Diplomkauffrau, hat sich mit ihrem Unternehmen CAMA Institut für Kommunikationsentwicklung in Hannover darauf spezialisiert, Veränderungsprozesse mit Großgruppenverfahren, wie zum Beispiel Open Space, Zukunftskonferenz, Real Time Strategic Change und Appreciative Inquiry, einzuleiten und zu steuern. Hierzu hat sie zahlreiche Fachartikel veröffentlicht und bildet regelmäßig Beraterkollegen weiter.

Bei Fragen und Rückmeldungen ist die Autorin unter folgender Adresse zu erreichen:

CAMA Institut für Kommunikationsentwicklung
Dipl.-Kff. Carole Maleh
Brehmstraße 38, 30173 Hannover
Tel. 0511/2832055 – Fax 0511/855958
E-Mail: carole.maleh@cama-institut.de
www.cama-institut.de

Lektorat: Ingeborg Sachsenmeier

© 2002 Beltz Verlag · Weinheim und Basel
www.beltz.de
Herstellung: Klaus Kaltenberg
Satz: Mediapartner Satz und Repro GmbH, Hemsbach
Druck: Druckhaus Beltz, Hemsbach
Umschlaggestaltung: Bernhard Zerwann, Bad Dürkheim
Printed in Germany

ISBN 3-407-36384-2

Inhaltsverzeichnis

Vorwort 7

Wegweiser durch das Buch 9

Open Space: Eine Konferenzmethode der besonderen Art – Einführung   10

Übersicht über die Open-Space-Beiträge 27

Traute Müller
Ver.di: Die ÖTV vor der Entscheidung.   33

Florian Fischer und Erich Kolenaty
Open Space in Open Air: Abschlussveranstaltung des Sommer-Open-
Air-Forums »Brücken für den Frieden« im Volksgarten in Wien   42

Carole Maleh
Eine Open-Space-Veranstaltung bringt Schwung in den Netzbau
der Stadtwerke.   49

Arnulf Greimel
Wie weit tragen die Füße? Open Space am Beginn eines
Fusionsprozesses   58

Michael Stiefel
Berliner Bürger entwickeln Handlungsvorschläge für ihr Quartier   67

Reinhard Frommann
Abschied und Neuanfang – Gekündigte Mitarbeiter des DRK-Berlin
im Open Space.   75

Marianne Munzel
Berliner Open Space – (Über-)Parteilich für Frauen   82

Ralph A. Höfliger
Wandel der Unternehmenskultur und Identität durch großflächigen
Veränderungsprozess. 89

Beate von Devivere
Wie manövrierfähig sind Supertanker auf stürmischer See?
Mit Open Space lassen sich bewegliche Rettungsboote bauen 98

Marianne Gerber
Institution 2010 – Herausforderungen an die Alters- und Pflegeheime. . 106

Susanne Weber
»Open Ohr: Beraten im Netzwerk« 113

Eva Wimmer
Vom Schattendasein ins Rampenlicht 121

Martin Lüdemann
Zivilcourage gegen rechte Gewalt. 127

Christiane Müller und Petra Radeschnig
Vier Organisationen, drei Länder, zwei Tage und ein Open Space 135

Helena Neuhaus
Jung und engagiert: Open Space in der Mittelschule 143

Burkhard Bösterling und Iris Brünjes
Open Space – Ein erster Prozessschritt in der Verwaltungsreform 150

Matthias zur Bonsen
Open Space – Was passiert danach?. 159

Schlussfolgerungen aus den Open-Space-Beispielen. 167

Literaturverzeichnis. 174

Bildnachweis 175

Die Autorinnen und Autoren. 176

Vorwort

Dieses Buch richtet sich an all diejenigen, die sich für innovative Methoden interessieren, um Veränderungsprozesse zu meistern oder lebendige Veranstaltungen zu gestalten. Es ist für jene bestimmt, die einen Einblick in die vielfältigen Anwendungsmöglichkeiten von Open Space gewinnen möchten. *»Open Space in der Praxis«* beschreibt interessante Highlights, schwierige Situationen und spannende Ergebnisse. Dieses Buch können Sie Abschnitt für Abschnitt lesen, wann immer Sie Lust auf eine Geschichte aus der Open-Space-Welt haben. Oder Sie lesen gezielt einzelne Beiträge in Bezug auf eine von Ihnen geplante Open-Space-Veranstaltung.

Innovative Methode

Die Idee zu dieser Veröffentlichung entwickelte sich aus meinem ersten Buch zu Open Space (Maleh [2]2001). Ziel des ersten Buches war es, das notwendige Know-how zum Durchführen der Methode zu vermitteln und Entscheidungshilfen für ihren Einsatz zu geben. Das vorliegende zweite Buch beinhaltet nun eine Reihe ganz unterschiedlicher Erfahrungen vieler Praktiker und liefert damit Bilder über den Einsatz dieser Methode in der Praxis.

Open Space hat sich verhältnismäßig schnell im deutschsprachigen Raum verbreitet. Im Jahr 1996 fand hier die erste Open-Space-Veranstaltung statt. Mittlerweile wird Open Space in vielen Branchen und zu sehr verschiedenen Anlässen durchgeführt. Tagungen werden immer häufiger als Open Space durchgeführt. In der Organisationsentwicklung wird Open Space mittlerweile als anerkanntes Instrument zur Einleitung und Steuerung von Veränderungsprozessen eingesetzt. Führungskräfte haben erkannt, dass sie mithilfe der vom Wandel betroffenen Mitarbeiterinnen und Mitarbeiter schneller auf Marktveränderungen reagieren können. Der Mut dazu, eine innovative, auf Selbstverantwortung und -organisation aufbauende Methode einzusetzen, wächst offenbar.

Veränderungsprozesse anstoßen

Mitarbeiter und Betroffene von Organisationen tragen ebenso viel dazu bei, dass Open Space immer häufiger zum Einsatz kommt. Sie wollen nicht mehr nur als Ausführende agieren, sondern eigene Ideen in Prozesse einbringen und Veränderungen in ihrem Umfeld selbst in die Hand nehmen. Andererseits fordern sie verbindliche Zusagen der Führung, sich auf ein solches Vorgehen einzulassen, die Ergebnisse wertzuschätzen und schließlich Ressourcen für deren Umsetzung zur Verfügung zu stellen.

Ich beobachte an mir selbst, dass je länger ich Open Space durchführe und an ihnen teilnehme, desto schwerer fällt es mir, auf »traditionellen« Konferenzen Vorträge zu konsumieren. Ich möchte meine eigenen Themen zur Diskussion stellen und mich frei entscheiden, in welchen Workshop ich mich einbringe. Die Freiheit, nach meinen Interessen zu handeln und auch mal einen Workshop zu verlassen, wenn ich genug gelernt habe oder nichts mehr beitragen kann, wird für mich immer mehr zum Qualitätskriterium für eine gute Veranstaltung. Dies macht vermutlich auch für viele andere einen wesentlichen Teil der Anziehung von Open Space aus. Daneben ist es sicher auch die Gewissheit, dass bei Open Space die wirklich wichtigen Themen zur Sprache kommen.

Wichtige Themen kommen auf den Tisch

Meiner Meinung nach hat diese Methode das Potenzial dazu, ein Kommunikationsinstrument des Alltags zu werden. Stellen wir uns vor, Organisationen setzen Open Space als Standardmethode in Veränderungsprozessen, als Konferenzmethode für eintägige Veranstaltungen oder bei Besprechungen ein. Fachtagungen oder Parteitage werden selbstverständlich mit Open Space durchgeführt. In Städten gibt es Veranstaltungshäuser, die für die breite Öffentlichkeit Tagungen mit Open Space durchführen. Bürger gehen zu Open-Space-Veranstaltungen, wie sie heutzutage ins Kino oder Theater gehen, und können sich so beispielsweise regelmäßig für Stadtentwicklungsthemen engagieren. Die Liste möglicher Anwendungen könnte noch lang sein. Ich hoffe, dass dieses Buch hierzu einige Anregungen gibt.

»Open Space im Einsatz« ist ein Gemeinschaftsprojekt von Beraterinnen und Beratern. Es stellt eine Sammlung von Open-Space-Beispielen dar, die aus dem Profit-, Nonprofitbereich wie auch aus der öffentlichen Verwaltung bzw. aus Kommunen stammen. Die Beiträgerinnen und Beiträger verstehen die Beteiligung von Betroffenen in Veränderungsprozessen als obligatorisch. Sie alle verbindet die Bereitschaft, ihr Wissen und ihre Erfahrungen anderen zur Verfügung zu stellen. Dieses Buch bietet daher ein von vielen gespeistes Feld des Voneinander-Lernens.

Allen Buchbeiträgern möchte ich für ihr Engagement und die vielen Stunden ihrer Arbeit herzlich danken. Denn erst durch ihren Einsatz ist der vorliegende vielfältige und gehaltvolle Strauß von Blumen aus der Praxis zu binden gewesen.

Ihnen, liebe Leserin und lieber Leser, wünsche ich viel Freude bei der Lektüre und viele eigene inspirierende Open-Space-Veranstaltungen.

Hannover im Juli 2001 *Carole Maleh*

Wegweiser durch das Buch

Um dieses Buch zu lesen, brauchen Sie keine Kenntnisse zur Open-Space-Methode. Obwohl es als Fortsetzung meines ersten Buches verstanden werden kann, ist es auch für Einsteiger uneingeschränkt nutzbar.

Das Buch beginnt mit einer Einführung in die Methode (s. S. 10ff.). Hier finden Sie Informationen darüber, was Open Space ist, wofür die Methode eingesetzt werden kann und was ihre Erfolgsvoraussetzungen bzw. die Grenzen ihrer Anwendung sind. Ferner ist in diesem Kapitel exemplarisch die Durchführung einer dreitägigen Open-Space-Veranstaltung beschrieben. Die Einsteiger im Open Space können sich hier Grundwissen über die Methode aneignen. Dies ist durchaus von Vorteil, da in den Beiträgen nicht im Detail auf methodische Belange Bezug genommen wird. Die »alten Hasen« im Open Space können hier ihr Wissen auffrischen bzw. vertiefen.

Anschließend finden Sie eine Übersicht über alle Beiträge (s. S. 27ff.). Die systematische Auflistung soll Ihnen bei der Navigation durch das Buch behilflich sein. Jeder Beitrag ist den Bereichen Profit, Nonprofit und öffentliche Verwaltung bzw. Kommune zugeordnet. Für jeden Anlass können Sie sich in dieser Übersicht über die Thematik, die Teilnehmerzahl und Veranstaltungsdauer informieren. Außerdem erhalten Sie in kurzen inhaltlichen Abrissen Einblicke in die Inhalte der einzelnen Beiträge.

Schließlich folgen die Erfahrungsberichte. Hier zeigt sich die große Spannbreite der Anwendung von Open Space. Die geschilderten Veranstaltungen dauerten mal einige Stunden, mal ein, zwei oder drei Tage. Dabei handelte es sich um Veranstaltungen innerhalb eines Veränderungsprozesses oder auch um individuell durchgeführte Konferenzen ohne nachfolgenden Prozess. Die Teilnehmerzahl variierte ebenfalls. Sie können Beispiele mit 30 Teilnehmern sowie auch mit mehreren Hundert Beteiligten finden.

Die »Schlussfolgerungen aus den Open-Space-Beispielen« (s. S. 167) runden das Buch ab. Hier finden Sie einige Thesen für den erfolgreichen Einsatz von Open Space, die durch Beispiele bestätigt bzw. modifiziert werden.

Open Space: Eine Konferenzmethode der besonderen Art – Einführung

Beispiele

Schnelle Lösungen waren gefragt

Olympische Spiele 1996 in Atlanta: Auf dem Olympic Village-Gelände hatten Firmen die Möglichkeit, sich mit einem eigenen Pavillon der »Welt« zu präsentieren. Darunter war auch die Firma AT&T, der zuerst ein Standort am Rande des Geländes zugewiesen wurde. Doch das Konzept, das AT&T schließlich vorlegte, gefiel dem Olympischen Komittee so gut, dass ihnen ein anderer, besserer Standort auf dem Gelände zugeteilt wurde, direkt im Zentrum des Olympic Village. Da gab es nur ein Problem: Das entwickelte Konzept war nur für 5.000 Besucher pro Tag gedacht. Doch an dem neuen Standort wurden 75.000 Besuchern täglich prognostiziert. AT&T musste sein Konzept also verändern. Für die Konzeptanpassung blieben nur noch wenige Monate Zeit. Zu wenig Zeit, um mit den bisherigen Arbeitsmethoden erfolgreich zu sein.

Eine Open-Space-Konferenz wurde mit den 23 Mitgliedern des Designteams einberufen. Die anfängliche Skepsis verschwand bald, als deutlich wurde, welches Ergebnis diese Konferenz haben würde: Nach nur zwei Tagen wurde ein völlig neues Präsentationskonzept entwickelt. Sogar die Details waren ausgearbeitet. Der Stand dieses Designs war zu diesem Zeitpunkt bereits weiter fortgeschritten als der des vorherigen Konzeptes, das die gleiche Gruppe in fast einem Jahr entwickelt hatte.

Wettbewerbsfähig werden mit allen Mitarbeitern

1998 schloss die Firma Bosch AG in der Normandie ihr gesamtes Werk für eine zweitägige Open-Space-Veranstaltung. Ziel war es, das Werk für die Zukunft wettbewerbsfähig zu machen. Unter anderem sollte eine Vision für das Jahr 2005 entstehen. Die Lernende Organisation sollte praktiziert und die Unternehmenskultur verändert werden. Eine flexible und funktionsübergreifende Zusammenarbeit aller Bereiche wurde angestrebt. 960 Personen nahmen teil. Eine für die Verantwortlichen damals unglaubliche Größenordnung. An zwei Tagen arbeiteten die Teilnehmenden an über 140 Themen mit aktuellem Veränderungsbedarf. Es entstand eine Vielzahl von Projekten, die nach der Veranstaltung fortgesetzt wurden.

Diese Beispiele zeigen, in welcher Bandbreite Open Space durchgeführt werden kann. Ob es nun 23 Personen betrifft, die ein neues Konzept entwickeln möchten oder es sich um fast 1.000 Personen handelt, die für die Zukunft ihrer Organisation neue Perspektiven schaffen wollen. Open Space funktioniert als Instrument des schnellen Wandels.

Doch was ist eigentlich Open Space? Open Space ist eine Konferenzmethode und auch ein Instrument der Organisationsentwicklung. Es wird eingesetzt, wenn es darum geht, schnelle und kreative Ansätze für Veränderungsprozesse zu finden. Mit dem Wandel soll zugleich die Identifikation aller Beteiligten mit der Organisation verbessert werden. Open Space ist ein Verfahren, welches das Potenzial der Betroffenen hocheffektiv erschließt.

Schnelle und kreative Ansätze für den Wandel

Die Open-Space-Veranstaltung

Die ersten beiden Tage im Open Space

Ein neues Beispiel: Ungefähr 300 Personen werden für die nächsten drei Tage erwartet. Führungskräfte verschiedener Hierarchieebenen wurden eingeladen: Meister, Schichtleiter, Abteilungs- und Bereichsleiter sowie Mitglieder des Vorstandes. Mitarbeiter verschiedener Funktionen unter anderem aus den Abteilungen Einkauf, Buchhaltung, Controlling, Versand und Rechtswesen sind ebenfalls gekommen. Sogar Repräsentanten einiger Lieferanten und Kunden folgten der Einladung zu dieser Veranstaltung. Sie alle sind zusammengekommen, um in drei Tagen zum Thema »Die Zukunft unseres Unternehmens« etwas beizutragen. Denn das einladende Unternehmen hat stark unter dem zunehmenden Konkurrenzkampf der letzten Jahre gelitten.

Die Gestaltung des Veranstaltungsraumes erscheint einigen merkwürdig – ungewohnt das Plenum. Der Stuhlkreis in der Mitte des Raumes wirkt viel zu groß für den Teilnehmerkreis. Unsicher schauen die Ankommenden umher. An den Wänden hängen eine leere Zeit- und Raumtafel, eine Nachrichtenwand und viele Plakate.

Langsam nehmen alle im Stuhlkreis Platz und nach wenigen Minuten beginnt die Veranstaltung. Die Unternehmensleitung erläutert kurz den Anlass: Das Unternehmen verliert Marktanteile und die Umsatzzahlen sinken. Es muss etwas getan werden, um diese Entwicklung aufzuhalten, und zwar schnell. Deswegen wurde dieses Zusammenkommen veranlasst. Der Firma schwebt vor, dass alle gemeinsam an einem Strang ziehen.

*Das Open-
Space-Plenum*

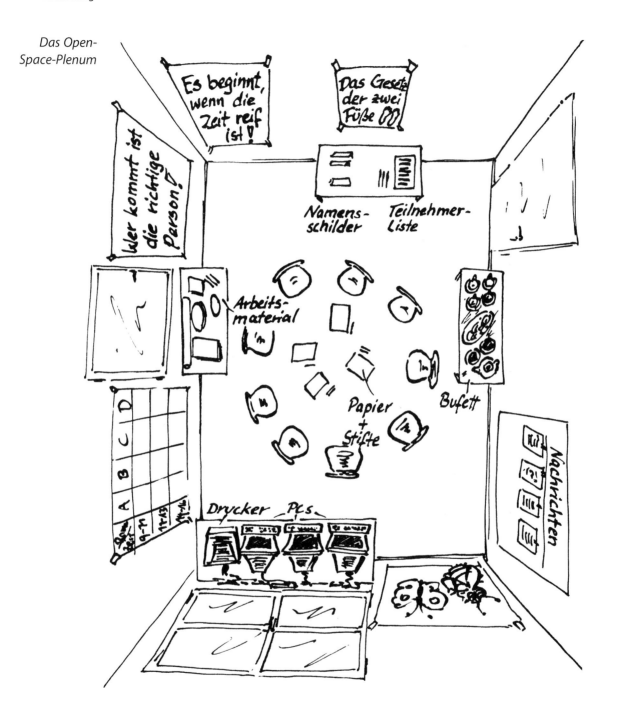

Das war das Stichwort für die Moderatorin. Sie betritt das Kreisinnere und erklärt, was Open Space ist und dass die bis jetzt noch leere Zeit- und Raumtafel von den Teilnehmenden selbst mit Themen gefüllt werden wird. Die Zeit- und Raumtafel bildet sozusagen das »Skelett« des Veranstaltungsprogramms, welches sich aus den Themen der Teilnehmenden entwickeln wird. Denn die Teilnehmer bestimmen selbst, wie die Veranstaltung ablaufen wird.

Die Teilnehmenden bestimmen die Themen der Veranstaltung

Open Space – so heißt es – ermöglicht, dass jeder Teilnehmer, ob Vorgesetzter oder Mitarbeiter, mal Referent, mal Zuhörer ist. Alle Anwesenden sind kompetent. Sie alle sind die Experten für diese Situation. Sie werden die Möglichkeit haben, die für sie wichtigen Themen in Bezug auf das Leitthema an die Zeit- und Raumtafel zu bringen und somit den anderen Teilnehmern zur Diskussion vorzuschlagen. Gearbeitet wird in kleinen Gruppen.

Alle sind kompetent

Die Moderatorin verlässt das Kreisinnere und überlässt ihn den Teilnehmenden. Nun kann jeder sein Thema vorstellen, das ihm oder ihr auf den Nägeln brennt und zu dem er oder sie mit anderen arbeiten möchte. Es sollen nur Themen benannt werden, für die die Teilnehmer Verantwortung übernehmen möchten. Der erste Teilnehmer geht in die Mitte und nimmt sich eines der dort liegenden leeren DIN-A3-Blätter. Er schreibt seinen Namen sowie sein Thema darauf und stellt sich und das Thema den anderen kurz vor: »Mein Name ist …, mein Thema lautet …« Auf der Zeit- und Raumtafel wählt er daraufhin eine Zeit und einen Raum und hängt sein Blatt in das entsprechende Feld. Sein Workshop beginnt beispielsweise um 9:00 Uhr und findet im Raum A statt. Die Zweite geht in die Mitte, der Dritte und viele mehr. Schnell ist die Zeit- und Raumtafel mit Workshop-Themen gefüllt. Die Tagesordnung für zwei Tage ist gebildet!

Nun können sich alle Teilnehmer nach ihrem Interesse für die Themen in die jeweiligen Workshops eintragen. Der Stuhlkreis löst sich auf. Alle steuern die Zeit- und Raumtafel an und schreiben sich in die sie interessierenden Arbeitsgruppen ein. Ist das getan, brechen die Teilnehmer auf, um in die jeweiligen Gruppen zu gelangen. Mal finden vier Workshops parallel statt, mal sind es zehn. Manchmal befinden sich fünf Personen in einem Workshop, bisweilen 25. Ab jetzt arbeiten die Teilnehmenden eigenständig.

Hochproduktiv durch Selbstbestimmung und Selbstorganisation

Diese Phase der parallel laufenden Workshops ist überaus lebendig. Die Zeit- und Raumtafel verändert sich immer wieder. Workshops werden verschoben, zusammengelegt, fallen aus oder neue werden benannt. Arbeitsanweisungen gibt es nicht, weder von der Moderatorin noch von der Firmenleitung. Die Teilnehmer handeln nach ihrer Vorstellung und machen Pausen, wenn sie genug gearbeitet haben. Sie sind auf sich gestellt und genießen es.

Die Zeit- und Raumtafel

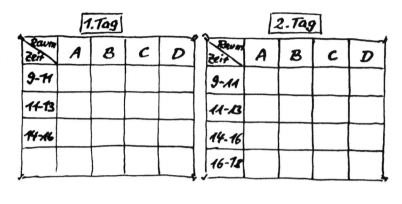

Zwei Tage arbeiten die Mitarbeiter des Unternehmens in wechselnden Gruppen zu verschiedenen Themen und mit immer wieder anderen Menschen. Kontakte entstehen, die vorher kaum denkbar waren. Die Personen aus den unterschiedlichen Bereichen kommen zusammen und entwickeln andere Denkansätze. Das führt zu einem Bündel von vielfältigen neuen Ideen, kreativen Ansätzen und innovativen strategischen Vorschlägen. Die Anwesenden beginnen, die bestehende Situation zu verändern. Sie tun dies gemeinsam. Ein starkes Gemeinschaftsgefühl entsteht.

Höheres Selbstwertgefühl durch Wertschätzung der Führung

Es kann beobachtet werden, dass aufgrund der entstehenden Selbstorganisation und Selbstbestimmung ein hochproduktiver Prozess in den Diskussionsgruppen stattfindet. Die Menschen werden während der Veranstaltung von der Firmenleitung ernst genommen und sie nehmen dies wahr. Sie erkennen, dass es wirklich auf sie und auf ihre Arbeit ankommt. Sie selbst ermöglichen die Veränderung der Situation. Dies hebt ihr Selbstwertgefühl. Jeder fühlt und zeigt sich verantwortlich für sein Thema und für das, was auf der Veranstaltung geschieht. Sie fühlen sich nicht nur verantwortlich, sondern identifizieren sich auch mit ihren Ergebnissen und dem Unternehmen. Die Verantwortung und Identifikation führt zur Akzeptanz der Ergebnisse bei den Mitarbeitern. So lässt sich auch erklären, wie die hohe Bereitschaft der Mitarbeiter entsteht, die selbst erarbeiteten Veränderungsmaßnahmen im Anschluss an die Veranstaltung umzusetzen.

Der dritte Tag: Ergebnisse sichern in der Konvergenzphase

Am dritten Tag werden die Gruppenergebnisse zusammengeführt. Bereits in den Workshops dokumentieren die Teilnehmenden ihre Ergebnisse selbst. Die einzelnen Protokolle der Gruppen werden zu einem Dokumentationsband zusammengetragen und den Teilnehmenden am Morgen des dritten Tages zur Verfügung gestellt. Es wird gelesen und später nach Aufforderung der Moderatorin gewichtet.

Die Umsetzung der Ergebnisse anstoßen

Der Ablauf einer dreitägigen Open-Space-Veranstaltung

1. Tag

Einführung, Themen sammeln

   1. Workshop-Einheit

   2. Workshop-Einheit

   3. Workshop-Einheit

Abendnachrichten

2. Tag

Morgennachrichten

   4. Workshop-Einheit

   5. Workshop-Einheit

   6. Workshop-Einheit

   7. Workshop-Einheit

Abendnachrichten

3. Tag

Morgennachrichten

Berichte lesen, priorisieren, Umsetzungsgruppen bilden, Maßnahmen definieren

Abschlussrunde

Die wichtigsten Berichte erhalten Punkte von den Teilnehmenden. So wird deutlich, welche Berichte bzw. Ergebnisse den Personen bezüglich der Realisierung am bedeutendsten sind. Die Ergebnisse mit den meisten Punkten sollen bevorzugt umgesetzt werden. Am letzten Tag der Konferenz geht es auch darum, Umsetzungsgruppen zu bilden. Der Weg, die Ergebnisse im Unternehmen zu verwirklichen, wird an diesem Tag geebnet. Jeder Interessierte kann sich themenbezogenen Umsetzungsgruppen zuordnen. Erste Maßnahmen und Schritte werden noch auf der Veranstaltung von den Teilnehmenden festgelegt.

Abschlussrunde mit dem »Talking Stick«

Der »sprechende Stock« zum Abschluss

Für die Abschlussrunde einer Open-Space-Veranstaltung empfiehlt sich die »Talking-Stick«-Zeremonie. »Talking Stick«, das heißt: »Sprechender Stock« und ist indianischen Ursprungs. Dazu wird ein schönes Stück Holz benutzt, welches von einem Teilnehmer zum nächsten gereicht wird mit einer Frage, die beispielsweise lauten kann: »*Was war auf der Veranstaltung für Sie das Wichtigste, was Sie mit in Ihre Zukunft nehmen?*« Wer nichts äußern möchte, reicht den Stock einfach an den Nachbarn weiter. Wer spricht, hält den Stock fest und bekommt die Aufmerksamkeit der Zuhörer. Es gibt kein Zeitlimit und keine Unterbrechung.

Einsatz von Open Space

Open Space ist überall dort einsetzbar, wo viele Menschen gemeinsam in Organisationen wirken. Das kann unter anderem in Unternehmen, sozialen Einrichtungen, in der öffentlichen Verwaltung, Gemeinden, Städten, Krankenhäusern, Schulen, Kirchen oder Vereinen sein. Aber auch dort, wo Menschen aus verschiedenen Organisationen, Institutionen oder Netzwerken miteinander kooperieren, ist der Einsatz der Methode möglich und bereits erprobt.

Voraussetzungen für den Einsatz von Open Space

Die Art der Organisation oder des Systems ist nicht entscheidend für den Einsatz von Open Space. Vielmehr sind dafür folgende Überlegungen von Bedeutung:

❖ Es sollte sich bei dem Anlass der Veranstaltung um eine Situation handeln, die bei den Eingeladenen Leidensdruck bzw. Betroffenheit hervorruft.

❖ Die Situation sollte so dringlich sein, dass schnellstmöglich gehandelt werden muss.

❖ Zur Bewältigung anstehender Veränderungen ist es sinnvoll, Menschen aus unterschiedlichen Funktionen, verschiedenen Hierarchieebenen, Nationalität, Herkunft, Altersgruppe etc. zusammenzubringen.

❖ Das Leitthema muss komplex sein, damit genug Spielraum für Workshops besteht. Es kann auch konfliktär sein.

❖ Die Teilnahme an der Veranstaltung muss unbedingt freiwillig geschehen.

❖ Die Moderation gibt die Kontrolle über den Prozess an die Teilnehmenden ab.

Dann macht Open Space Sinn

Die Organisationsleitung sollte Vertrauen in die Kompetenz der Mitarbeiterinnen und Mitarbeiter haben. Sie muss dem Einsatz einer unkonventionellen Methode, unerwarteten Ergebnissen und einer Weiterverfolgung der Ergebnisse gegenüber unbedingt aufgeschlossen gegenüberstehen. Schließlich ist es wichtig zu betonen, dass die Antwort auf die zu bewältigende Situation oder die Fragestellung der Veranstaltung vorher nicht bekannt ist. Es sollten weder von der Organisationsleitung noch von anderen vor der Veranstaltung Lösungsstrategien erarbeitet worden sein, die dann mit zur Veranstaltung gebracht werden.

Vertrauen in die Mitarbeiter – Antwort unbekannt

Erfolgsvoraussetzungen von Open Space

❖ Persönliche Betroffenheit der Teilnehmenden.
❖ Dringender Handlungsbedarf in der Situation.
❖ Heterogene Zusammensetzung der Teilnehmenden.
❖ Leitthema ist komplex.
❖ Teilnahme ist freiwillig.
❖ Keine vordefinierte Antwort auf die Situation oder Fragestellung.
❖ Vertrauen der Organisationsleitung in die Kompetenz der Mitarbeiter, in den Einsatz einer unkonventionellen Methode und in unerwartete Ergebnisse.
❖ Die Organisationsleitung ist einer Weiterverfolgung der Ergebnisse gegenüber aufgeschlossen.

Treffen diese Voraussetzungen zu, kann davon ausgegangen werden, dass Personen, die zur Veranstaltung kommen, etwas zur Veränderung beitragen wollen und die Umsetzung in die eigenen Hände nehmen möchten. Durch den eingeleiteten Veränderungsprozess wird dann eine nachhaltige Wirkung erreicht. Ferner werden die unterschiedlichen Menschen aufgrund ihrer voneinander abweichenden Denkweisen und Erfahrungen vielfältige Workshop-Themen sowie eine Fülle von kreativen Ideen und Lösungsansätzen zur Veränderung entwickeln. Und schließlich motiviert der bestehende hohe Veränderungsdruck die Teilnehmenden, schnell und zielorientiert zu arbeiten.

Anwendungsanlässe von Open Space

Open Space vielseitig anwendbar

Für Open Space gibt es viele Anlässe. So kann diese Methode beispielsweise eingesetzt werden, um Veränderungsprozesse mit einer Auftaktveranstaltung in Gang zu bringen, Fusionen von Unternehmen mit Unterstützung der Mitarbeiter zu planen und umzusetzen, die Leistungsfähigkeit im Unternehmen bzw. in der Organisation zu steigern oder auszubauen, die Neuausrichtung des Unternehmens bzw. der Organisation, einer Abteilung oder Filiale anzusteuern, den Kundenservice zu verbessern, die Zusammenarbeit unter Kooperationspartnern, Abteilungen, Mitarbeitern etc. zu verbessern, Ideen für neue Projekte, Produkte, Dienstleistungen, Prozesse und Abläufe zu entwickeln.

Tagungen lebendig gestalten

Open Space eignet sich auch besonders gut, um eine Tagung lebendig zu gestalten. Meist dauern diese Tagungen 1 bis 1½ Tage und haben zum Ziel, den Austausch der Teilnehmenden untereinander und die Kontaktaufnahme unter Vertretern verschiedener Interessengruppen zu ermöglichen oder bestehende Verbindungen auszubauen. Es besteht kein Leidensdruck zum Leitthema bzw. zur Situation, dennoch aber ein großes Interesse. Für eine eintägige bzw. 1½-tägige Tagung zu einem aktuellen Thema »reicht« dies. Hierin findet sich der Unterschied zum Einsatz von Open Space in Veränderungsprozessen, bei dem die Betroffenheit der Beteiligten eine notwendige Voraussetzung ist.

Der Einsatz von Open Space hat Grenzen

Keine Methode für alle Zwecke

Obwohl Open Space für viele Anlässe anwendbar ist, gibt es auch bei dieser Methode Grenzen. Open Space ist zum Beispiel nicht dafür einsetzbar, um Mitarbeiter für vordefinierte Ziele und Strategieentwürfe zu begeistern. Ferner eignet sie sich nicht, um gezielt Informationen zu vermitteln. Geplante Vorträge, Präsentationen, Beiträge, Diskussionen oder Videoaufführungen zum Leitthema finden nicht statt.

Anwendungsanlässe von Open Space

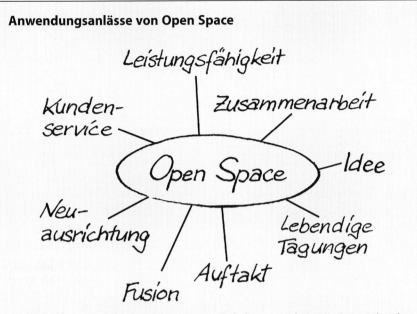

- ❖ Veränderungsprozesse sollen mit einer Auftaktveranstaltung in Gang gebracht werden.
- ❖ Die Fusion von Unternehmen soll mit Unterstützung der Mitarbeiter geplant und umgesetzt werden.
- ❖ Die Leistungsfähigkeit im Unternehmen bzw. in der Organisation soll gesteigert oder ausgebaut werden.
- ❖ Die Neuausrichtung des Unternehmens bzw. der Organisation, einer Abteilung oder Filiale soll vorangebracht werden.
- ❖ Der Kundenservice soll verbessert werden.
- ❖ Die Zusammenarbeit unter Kooperationspartnern, Abteilungen, Mitarbeitern etc. soll optimiert werden.
- ❖ Ideen für neue Projekte, Produkte, Dienstleistungen, Prozesse oder Abläufe sollten entwickelt werden.
- ❖ Eine Tagung soll lebendiger gestaltet werden.

Open Space kann nicht ersatzweise für Seminare, Trainings- oder Informationsveranstaltungen durchgeführt werden. Open Space ist zwar geeignet, um konfliktäre Themen zu behandeln. Doch ist diese Methode nicht zur Schlichtung von Konflikten sinnvoll. Dazu bedarf es mehr Steuerung, als dies bei Open Space möglich ist.

Beim Einsatz von Open Space ist von großer Bedeutung, dass die Organisationsleitung einer Umsetzung der Veranstaltungs-Ergebnisse gegenüber auf-

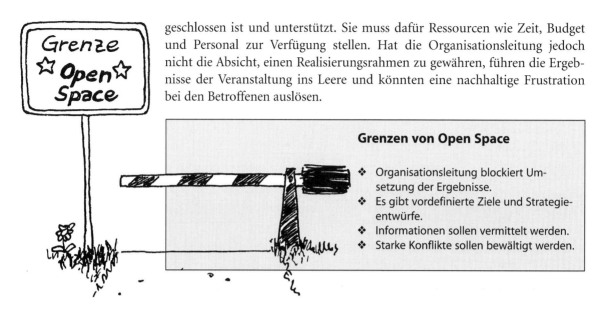

geschlossen ist und unterstützt. Sie muss dafür Ressourcen wie Zeit, Budget und Personal zur Verfügung stellen. Hat die Organisationsleitung jedoch nicht die Absicht, einen Realisierungsrahmen zu gewähren, führen die Ergebnisse der Veranstaltung ins Leere und könnten eine nachhaltige Frustration bei den Betroffenen auslösen.

Grenzen von Open Space

❖ Organisationsleitung blockiert Umsetzung der Ergebnisse.
❖ Es gibt vordefinierte Ziele und Strategieentwürfe.
❖ Informationen sollen vermittelt werden.
❖ Starke Konflikte sollen bewältigt werden.

Was macht Open Space zu einem erfolgreichen Instrument?

Open Space unterscheidet sich ganz offensichtlich von traditionellen Konferenzmodellen, wo zwar viele Personen teilnehmen, aber nur wenige reden. Lange vor dem ersten Veranstaltungstag ist das Programm geschrieben. Die Redner – so genannte Experten – sind eingeladen und in der Regel auf einem höher stehenden Podest vor den vielen hintereinander aufgebauten Reihen platziert. Vorne, etwas höher, wird geredet und hinten, unten, wird zugehört.

Alle tragen Verantwortung für den Prozess

Der Einsatz von Open Space ist vor allem deshalb ein Erfolg, weil die Teilnehmenden die ganze Konferenz über Zeit haben, mit anderen nach ihrem Engagement zu ihren eigenen Themen zu arbeiten, Ideen zu entwickeln und auch zu planen, wie sie diese realisieren möchten. Kein Teilnehmer muss sich etwas anhören, woran er nicht interessiert ist. Jede Person trägt an den Tagen der Konferenz das bei, was ihr am Herzen liegt und was sie bewegen möchte. Alle tragen die Verantwortung für den Erfolg der Konferenz.

Getragen und unterstützt wird das individuelle Engagement der teilnehmenden Personen durch ein Regelwerk, bestehend aus vier Leitlinien und einem »Gesetz«.

Das Regelwerk

❖ **1. Leitlinie: »Wer kommt, ist die richtige Person«**
Ob zehn oder 1.000 Personen zu einer Open-Space-Veranstaltung kommen, es sind genau die richtigen Teilnehmer. Und zwar die richtigen, um am Leitthema zu arbeiten und die Situation zu verändern. Denn bei Open Space besteht die Annahme, dass die Personen kommen werden, die zu der Situation etwas beitragen wollen. Deren Wissen ist ausreichend, um zu einer Veränderung etwas beizusteuern. Jede Person wird als Experte anerkannt. Auch für die Workshops gilt: Jene, die kommen, sind genau die Richtigen, um am Workshop-Thema zu arbeiten. Sie haben das Interesse und die Motivation, sich mit dem Workshop-Thema intensiv auseinander zu setzen. Freiwillige Teilnahme ist aber Grundvoraussetzung.

❖ **2. Leitlinie: »Offenheit für das, was geschieht«**
Diese Leitlinie soll die Teilnehmenden anspornen, unerwarteten Dingen gegenüber aufgeschlossen zu sein, die sich ihnen bietenden Möglichkeiten anzunehmen und sich von den eigenen Erwartungen etwas zu entfernen. Eine Offenheit gegenüber neuen und unerwarteten Erkenntnissen, Ideen oder Ereignissen, macht sie frei für ein Voneinander-Lernen.

❖ **3. Leitlinie: »Es beginnt, wenn die Zeit reif ist«**
Ideen, Motivation und gute Anregungen kommen, wenn die Zeit dafür reif ist. Die Gruppen fangen mit der Arbeit an, wenn sie sich für produktiv halten. Die Verantwortung für das Zeitmanagement wird an die Gruppe abgegeben. Zeiten des Arbeitens und der Pausen werden von den Teilnehmenden bestimmt. Sie sollen ein Gefühl für den Zeitpunkt ihrer Kreativität und Effektivität entwickeln und eigenständig danach handeln.

❖ **4. Leitlinie: »Vorbei ist vorbei«**
Diese Leitlinie ist das Gegenstück zur dritten. So kann es sein, dass ein Workshop nach 20 Minuten zu Ende ist. Alle wichtigen Aspekte sind genannt. In diesem Fall ist es nutzlos, in der Gruppe auszuharren und Energie und Lust zu verlieren, bis die vorab veranschlagte Zeit abgesessen ist und die nächste Workshop-Einheit beginnt. Besser ist es, den Workshop zu schließen und sich anderen Dingen zu widmen, wie zum Beispiel in eine andere Gruppe zu gehen oder eine neue zu gründen. Ist nach Ablauf der Zeiteinheit das Thema einer Gruppe noch nicht abgeschlossen, kann weitergearbeitet werden, bis das Thema vollständig abgehandelt ist.

❖ **Das »Gesetz der zwei Füße«**
Dieses »Gesetz« bedeutet, dass jede Person, die sich während der Veranstaltung in einer Situation befindet, in der sie weder etwas lernen noch

Vier Leitlinien

Ein Gesetz

Hummel und Schmetterling – zwei Erscheinungs- formen des Gesetzes

beitragen kann, die eigenen zwei Füße benutzen und dort hingehen soll, wo sie produktiv sein kann. Als zwei Erscheinungsformen des Gesetzes seien hier die »Hummel« und der »Schmetterling« genannt.

Als »Hummeln« werden die Personen bezeichnet, welche an vielen Workshops Interesse haben. Sie gehen von einem zum anderen und bringen sich hier und dort ein. Sie bleiben so lange, wie sie zum Thema etwas lernen oder beitragen können. Gerade erworbene Ideen, Gedanken oder Anregungen werden in die neue Gruppe getragen und dort fallen gelassen, und dort wiederum aufgenommenes Wissen in die nächste Gruppe gebracht. Manchmal ist es auch nur die pure Anwesenheit einer neu dazugekommenen Person, die der Gruppe einen neuen Schub gibt. Es findet eine gegenseitige Befruchtung statt – eben wie in der Natur: Die Hummel fliegt von Blüte zu Blüte, nimmt Pollen von der einen Blüte auf und setzt sie auf einer anderen wieder ab.

Die »Schmetterlinge« sind anders. Diese Bezeichnung gilt für Personen, die etwas unentschlossen sind, also nicht sofort den Antrieb verspüren, in eine Gruppe zu gehen. Sie halten sich vornehmlich am Büfett oder in einer Sitzecke auf, rauchen eine Zigarette oder lassen sich im Garten nieder. Auf den ersten Blick wirken die »Schmetterlinge« nutzlos. Doch sie leisten für die Veranstaltung einen wichtigen Beitrag. Sie markieren eine Stätte des Nichtarbeitens und geben dadurch Ruhe an ihr Umfeld ab. Es ist zu beobachten, dass sich besonders zwischen »Schmetterlingen« und Vorbeikommenden intensive Gespräche entwickeln. Diese führen entweder dazu, dass die Teilnehmer Anregungen für laufende Arbeitsgruppen erhalten, in diese gehen oder selbst einen neuen ungeplanten Workshop durchführen.

Was wird mit dem Einsatz von Open Space erreicht?

Bei den Mitarbeitern

Vertrauen in die eigene Kompetenz gewinnen

Die Teilnehmenden entwickeln Mut und Vertrauen in die eigenen Fähigkeiten. Mut zeigt besonders die erste Person, die in die Mitte des Kreises geht. In die Mitte des Kreises zu gehen und vor allen Anwesenden zu sprechen beweist viel Verantwortung für das Thema und einen starken Drang, nach möglichen Lösungsstrategien suchen zu wollen. Im Verlauf der Veranstaltung erkennen die Teilnehmenden ihre Fähigkeit, Lösungen zu entwickeln und Umsetzungsschritte dafür festzulegen. Nicht selten äußern sich die Teilnehmer dahingehend, dass sie erstaunt sind, zu so guten Ergebnissen gekommen zu sein.

Regelwerk von Open Space

Vier Leitlinien

1. Wer kommt, ist die richtige Person.
2. Offenheit für das, was geschieht.
3. Es beginnt, wenn die Zeit reif ist.
4. Vorbei ist vorbei.

Das »Gesetz der zwei Füße«

In der Regel leitet jeder Workshop-Einberufer – die Person, die den Workshop initiiert hat – seine Arbeitsgruppe. Auch Menschen, die bisher noch nie moderiert haben, entdecken ihre Fähigkeit dazu. Sie leiten die Diskussion, führen Protokoll und stellen die Ergebnisse dar. Die entdeckten Führungspotenziale machen den Teilnehmenden die Wichtigkeit ihrer eigenen Person deutlich und fördern damit ihr Selbstbewusstsein.

Die Teilnehmenden entwickeln Kommunikationsfähigkeiten. Das bloße Erscheinen der Betroffenen bei dieser Veranstaltung signalisiert ihre Bereitschaft, gemeinsam mit anderen an der Problematik arbeiten zu wollen. Denn sie sind alle freiwillig erschienen. Darüber hinaus ist zu erkennen, wie redsam die Anwesenden sind. Ein ständiges Stimmengewirr erfüllt die Arbeitsräume. Jeder kommt zum Sprechen. Vorgesetzte haben keine Sonderstellung. Vorerst schüchterne Personen trauen sich, ihre Meinung zu äußern, manchmal nicht nur in der kleinen Arbeitsgruppe, sondern vor der gesamten Gruppe.

Jeder kann das Wort ergreifen

In der Organisation

Schnelle Reaktion auf die Situation

Mit dem Einsatz von Open Space können Unternehmen schnell auf sich verändernde Umstände reagieren. Dies wird möglich durch das Zusammenkommen vieler betroffener Menschen. Durch deren Wissen, Intelligenz, Interesse und Engagement entstehen viele Workshop-Themen. Zu denen wiederum werden vielfältige Ideen, Handlungsansätze und Perspektiven entworfen bzw. gesammelt. Schnell kann auch deshalb auf veränderte Rahmenbedingungen reagiert werden, weil die Anwesenden nur die »wirklich« wichtigen Themen vorschlagen und sich nach ihrem Engagement für diese organisieren. Verschwendete Zeit und Energie gibt es nicht. Sie arbeiten intensiv, denn sie sind alle freiwillig zu dieser Veranstaltung erschienen. Der Freiraum für individuelle Kreativität spornt sie an, ebenso wie die Verantwortung für das Geschehen.

Da die Teilnehmenden aus verschiedenen Hierarchien sowie Funktionen kommen, werden die auf der Veranstaltung erarbeiteten Handlungsansätze gleichzeitig in den verschiedenen Abteilungen sofort im Arbeitsalltag umgesetzt. Gleichzeitiger Wandel wird so initiiert.

Ergebnisse wirken nachhaltig

Bei Veränderungsprozessen, die mit der Open-Space-Methode eingeleitet bzw. begleitet werden, wird eine nachhaltige Wirksamkeit der Veränderung erreicht. Denn die Teilnehmer bestimmen erstens die Themen, zweitens die Inhalte ihrer Workshops und drittens definieren sie ihre Ziele, die sie mit eigens formulierten Maßnahmen erreichen möchten. Sie sind die einzigen Personen, die Impulse für die Veränderung geben. Es ist »ihre« Veränderung – eine Veränderung von »innen«. Niemand zwingt ihnen in diesem Prozess Maßnahmen auf. Sie sind der Veränderung gegenüber aufgeschlossen und tragen ihr Engagement als Multiplikatoren an Personen weiter, die nicht teilgenommen haben. Dadurch wird für die Ergebnisse höchste Akzeptanz erreicht – unabdingbar für die Nachhaltigkeit des Prozesses.

Große Gruppen kommunizieren

Mehrere parallel laufende Arbeitsgruppen machen die Kommunikation vieler Menschen zur gleichen Zeit möglich. So können bis zu 1.000 Personen an einer Veranstaltung teilnehmen. Vertreter verschiedener Funktionen und Hierarchien informieren einander und erhalten hierdurch zur gleichen Zeit denselben Wissensstand. Darüber hinaus entwickeln sie ein gegenseitiges Verständnis. Beides schafft die Grundlage für eine effektivere Zusammenarbeit. Begünstigt wird dieses durch die gute Arbeitsatmosphäre und das entstehende Gemeinschaftsgefühl.

Bei der Frage, was mit dem Einsatz von Open Space erreicht wird, muss natürlich auch erwähnt werden, dass sich das Führungskräfte-Mitarbeiter-

Verhältnis unweigerlich verändert. Oft erzeugt Open Space ein größeres gegenseitiges Vertrauen. Einerseits der Mitarbeiter gegenüber der Führung, dass diese die von den Mitarbeitern erarbeiten Lösungsvorschläge annimmt und die Umsetzung zulässt. Und andererseits Vertrauen der Führung gegenüber den Mitarbeitern, dass diese die Kompetenz und Motivation besitzen, die Situation im Sinne der Organisation zu verändern.

Vertrauen Mitarbeiter-Führung aufbauen

Was wird mit dem Einsatz von Open Space erreicht?

Bei den Mitarbeitern	In der Organisation
❖ Verantwortung für das Thema, die Ergebnisse und den Prozess ❖ Identifikation mit dem Thema, der Situation und dem Unternehmen ❖ Gestärktes Selbstbewusstsein ❖ Gemeinschaftsgefühl ❖ Mut und Vertrauen in die eigenen Fähigkeiten ❖ Moderations- und Kommunikationsbereitschaft sowie -fähigkeit	❖ Vielfältige Ideen, Maßnahmen, Ziele ❖ Bearbeitung »wirklich« wichtiger Themen ❖ Schnelle Reaktion auf Veränderungsanlässe ❖ Nachhaltige Wirksamkeit der Veränderung durch Akzeptanz der Ergebnisse ❖ Gleichzeitiger Wandel in verschiedenen Bereichen in der Organisation ❖ Gleicher Wissensstand der Teilnehmenden ❖ Effektive Kommunikation in großen Gruppen

Was ist wichtig für den nachhaltigen Erfolg von Open Space?

Es ist besonders wichtig, noch vor der Veranstaltung Maßnahmen und Strukturen zu definieren, die notwendig sind, um die Ergebnisse effektiv und dauerhaft in der Organisation umsetzen zu können. Allzu schnell könnte sonst die Veränderungsenergie der Teilnehmenden verpuffen. Deshalb sollten folgende Voraussetzungen für die anstehenden Veränderungen gegeben sein:

Open Space mit Bedacht einsetzen

❖ Die Gruppen dürfen ihre Ergebnisse selbst umsetzen. Das Management nimmt ihnen die Initiative nicht aus der Hand, sondern ist bereit, ihnen dafür die notwendige Unterstützung zu geben.

❖ Die in den Umsetzungsgruppen aktiven Personen und das Management stehen in regelmäßigem Kontakt. So findet ein permanenter Informationsaustausch statt und Widerstände oder Probleme können frühzeitig lokalisiert und bearbeitet werden.

❖ Die Umsetzungsfortschritte aller Gruppen werden im Unternehmen bzw. in der Organisation transparent gemacht. Es gibt eine Informationssammelstelle, die jedem Interessierten die Möglichkeit gibt, sich über laufende Projekte zu informieren, Anregungen zu geben oder mitzuwirken.

❖ Am sinnvollsten ist es, wenige Wochen nach der Veranstaltung eine Follow-up-Veranstaltung durchzuführen.

Fazit

Open Space kann für die unterschiedlichsten Fragestellungen, Unternehmen bzw. Organisationen und Teilnehmerzahlen erfolgreich eingesetzt werden. Dabei ist jedoch zu beachten, dass es sich bei Open Space um einen Baustein innerhalb eines Veränderungsprozesses handelt. Die Veranstaltungs-Ergebnisse müssen in einen weiteren Prozess münden. Eine Ausnahme besteht allerdings, wenn diese Methode eingesetzt wird, um Tagungen unkonventionell und lebendig zu gestalten. Dann steht die Veranstaltung mit ihren Zielen im Vordergrund. Ein weiterführender Prozess wird nicht angestrebt.

Open Space ermöglicht es, viele, wenn nicht sogar alle Betroffenen einer Organisation in den Prozess einzubinden. Ungeahnte Potenziale werden freigelegt und damit die schnelle Reaktion auf Veränderungsanlässe möglich gemacht.

Es handelt sich um eine Konferenzmethode ohne vorgeplante Veranstaltungsagenda und eingeladene Redner. Besonders dies macht es möglich, dass sich die Teilnehmenden mit ihrer Kompetenz einbringen können. Im Sinne der Lernenden Organisation ist der Einsatz von Open Space eine Schlüsselmethode.

Viele deutsche Unternehmen und Organisation setzen Open Space bereits regelmäßig als Instrument der Organisationsentwicklung ein. Ein Zeichen dafür, dass sich das Management zunehmend in die Karten sehen lässt und Teile der Verantwortung für das unternehmerische Geschehen an die betroffenen Personen abgeben kann.

Übersicht über die Open-Space-Beiträge

Profit	
Eine Open-Space-Veranstaltung bringt Schwung in den Netzbau der Stadtwerke	
Autorin	Carole Maleh
Branche	Energie-, Gas- und Wasserversorgung
Organisation	Stadtwerke Hannover
Thematik	Verbesserung eines Prozess-Planungs-Steuerungsverfahrens
Teilnehmerzahl	70 Personen
Dauer	Zweieinhalb Tage

 49

Inhalt des Beitrags: Von der guten Einführung eines Prozess-Planungs-Steuerungsverfahrens hängt viel ab. Das Unternehmen will damit seine Position auf dem Energiemarkt stärken. Doch zunächst will es nicht so richtig klappen. Carole Maleh beschreibt, wie durch eine Open-Space-Veranstaltung die Mitarbeiter das Verfahren erfolgreich umsetzen.

Wie weit tragen die Füße? Open Space am Beginn eines Fusionsprozesses	
Autor	Arnulf Greimel
Branche	Bildung/Gesundheitswesen
Organisation	Krankenpflegeschulen
Thematik	Fusion von drei Krankenpflegeschulen zu einem Bildungsträger
Teilnehmerzahl	30 Personen
Dauer	Zwei Tage

 58

Inhalt des Beitrags: Der Markt verlangt es: die Fusion von drei Krankenpflegeschulen. Arnulf Greimel beschreibt, wie diese Open-Space-Veranstaltung den Start des Prozesses markiert und damit trotz gegensätzlicher Positionen Raum für eine gemeinsame Perspektive eröffnet.

75

Abschied und Neuanfang – Gekündigte Mitarbeiter des DRK-Berlin im Open Space

Autor	Reinhard Frommann
Branche	Gesundheitswesen
Organisation	Deutsches Rotes Kreuz
Thematik	Entlassungen
Teilnehmerzahl	60 Personen
Dauer	Zwei Tage

Inhalt des Beitrags: Sie sind zwar bereits gekündigt. Doch sie haben Energie genug, um gemeinsam eine Zukunft zu planen, die zwar außerhalb vom Roten Kreuz liegt, aber trotzdem attraktiv ist. Reinhard Frommann beschreibt diesen besonderen Open-Space-Anlass.

 89

Wandel der Unternehmenskultur und Identität durch großflächigen Veränderungsprozess

Autor	Ralph A. Höfliger
Branche	Finanzdienstleistung
Organisation	Bank Leu
Thematik	Kulturveränderung
Teilnehmerzahl	Unterschiedlich
Dauer	Unterschiedlich

Inhalt des Beitrags: Ralph A. Höfliger gibt einen Überblick darüber, wie ein zweijähriger Kulturveränderungsprozess der Bank Leu in der Schweiz mit Open Space initiiert und begleitet wurde.

 159

Open Space – Was passiert danach?

Autor	Dr. Matthias zur Bonsen
Branche	Diverse
Organisation	Verschiedene Unternehmen
Thematik	Was auf eine Open-Space-Veranstaltung folgen kann
Teilnehmerzahl	Unterschiedlich
Dauer	Unterschiedlich

Inhalt des Beitrags: Dieser Beitrag beschäftigt sich mit der Frage, wie die Umsetzung der Ergebnisse von Open-Space-Konferenzen am besten gefördert werden können.

Non-Profit

Ver.di: Die ÖTV vor der Entscheidung

 33

Autorin	Traute Müller
Branche	Gewerkschaft
Organisation	Gewerkschaft öffentliche Dienste, Transport und Verkehr (ÖTV)
Thematik	Ver.di–Dialog
Teilnehmerzahl	80 Personen
Dauer	Zwei Tage

Inhalt des Beitrags: Ver.di stand vor der Entscheidung. Die Mitglieder der ÖTV haben noch nicht abschließend für einen Zusammenschluss der fünf großen Gewerkschaften in Deutschland gestimmt. Open Space schafft in dieser Situation eine Basis für einen Ver.di-Dialog der verschiedenen Positionen.

Berliner Open Space – (Über-)Parteilich für Frauen

 82

Autorin	Marianne Munzel
Branche	Politik
Organisation	Überparteiliche Fraueninitiative
Thematik	Stärkung der Zusammenarbeit
Teilnehmerzahl	45 Personen
Dauer	Ein Tag

Inhalt des Beitrags: Mitglieder aus verschiedenen politischen Parteien in einer konstruktiven Diskussion miteinander. Ein seltenes Ereignis. Marianne Munzel beschreibt, wie Frauen aus unterschiedlichen politischen aber auch wirtschaftlichen Zusammenhängen kooperativ am gleichen Thema arbeiten.

Wie manövrierfähig sind Supertanker auf hoher See?

98

Autorin	Beate von Devivere
Branche	Fürsorge
Organisation	Deutscher Verein für öffentliche und private Fürsorge
Thematik	Fachtagung
Teilnehmerzahl	bis zu 300 Personen
Dauer	Eineinhalb Tage

Inhalt des Beitrags: Ein Verband führt eine Open-Space-Veranstaltung durch mit ambivalenten Ergebnissen..

106

Institution 2010 – Herausforderungen an die Alters- und Pflegeheime

Autorin	Marianne Gerber
Branche	Altenpflege
Organisation	Heimatverband Schweiz
Thematik	Alters- und Pflegeheime
Teilnehmerzahl	110 Personen
Dauer	Eineinhalb Tage

Inhalt des Beitrags: Veränderte Anforderungen seitens der Heimbewohner verlangen eine Anpassung, die sehr innovativ sein kann. Marianne Gerber beschreibt in ihrem Beitrag, wie ein innovatives Instrument wie Open Space auch bei alteingesessenen Strukturen positive Ergebnisse erzielen kann.

 113

»Open Ohr«: Beraten im Netzwerk

Autorin	Dr. Susanne Weber
Branche	Beratung
Organisation	Beraterinnennetzwerk
Thematik	Beratungsqualität
Teilnehmerzahl	50 Personen
Dauer	Ein Tag

Inhalt des Beitrags: Netzwerken scheint das Schlüsselwort für die Beratung der heutigen Zeit zu sein. Dieser Beitrag macht exemplarisch deutlich, wie die Qualität der Ergebnisse von Open-Space-Workshops sein kann.

Öffentliche Verwaltung, Kommune

 42

Open Space in Open Air

Autoren	Florian Fischer und Erich Kolenaty
Branche	Bürgerbeteiligung
Organisation	Stadt Wien
Thematik	Friedensinitiative
Teilnehmerzahl	bis zu 60 Personen
Dauer	Drei Stunden

Inhalt des Beitrags: Die Autoren beschreiben eine wirklich ungewöhnliche Open-Space-Veranstaltung im Volksgarten Wien, vor dem Theseus-Tempel und unter freiem Himmel. Eine Veranstaltung, bei der auch zufällige Passanten zu engagierten Teilnehmern werden konnten.

Berliner Bürger entwickeln Handlungsvorschläge für ihr Quartier		*67*
Autor	Michael Stiefel	
Branche	Bürgerbeteiligung	
Organisation	Stadt Berlin	
Thematik	Stadtentwicklung	
Teilnehmerzahl	56 Personen	
Dauer	Zwei Tage	

Inhalt des Beitrags: Bürgerbeteiligung ist in. Davon konnte besonders das Quartiersmanagementgebiet Boxhagener Platz in Berlin-Friedrichshain profitieren. Michael Stiefel beschreibt, was Open Space im Quartier und in den Köpfen der Anwohner bewegt hat.

Vom Schattendasein ins Rampenlicht		*121*
Autorin	Eva Wimmer	
Branche	Arbeitsverwaltung	
Organisation	Bundesanstalt für Arbeit	
Thematik	Transfer von Projektergebnissen in die Arbeitsmarktpolitik	
Teilnehmerzahl	210 Personen	
Dauer	Zweieinhalb Tage	

Inhalt des Beitrags: ADAPT ist ein Programm mit 670 bundesweiten Projekten auf dem Arbeitsmarkt. Eva Wimmer führt durch eine Open-Space-Veranstaltung, auf der Vertreterinnen und Vertreter der Projekte in Austausch treten, um gemeinsam für einen stabilen Arbeitsmarkt neue Wege zu finden.

Zivilcourage gegen rechte Gewalt		*127*
Autor	Martin Lüdemann	
Branche	Bürgerbeteiligung	
Organisation	Polizei	
Thematik	Zivilcourage	
Teilnehmerzahl	bis zu 250 Personen	
Dauer	Zweieinhalb Tage	

Inhalt des Beitrags: Zivilcourage ist kein leichtes Thema. Martin Lüdemann beschreibt in seinem Beitrag eine Annäherung an das Thema in einem Open Space und den Verlauf der Konferenz mit ihren Stolpersteinen.

135

Vier Organisationen, drei Länder, zwei Tage und ein Open Space	
Autorinnen	Dr. Christiane Müller und Petra Radeschnig
Branche	Bildung
Organisation	Vier Unternehmen im Bereich der beruflichen Weiterbildung
Thematik	Erfahrungsaustausch zur Arbeitsmarktpolitik über Landesgrenzen
Teilnehmerzahl	70 Personen
Dauer	Eineinhalb Tage

Inhalt des Beitrags: Vier Organisationen in drei Ländern (Luxemburg, Schweiz, Deutschland) organsieren ein Austauschforum. Sie wollen voneinander lernen, erfahren, wie die anderen Organisationen in den anderen Ländern erfolgreich auf dem Arbeitsmarkt aktiv sind.

 143

Jung und engagiert: Open Space in der Mittelschule	
Autorin	Helena Neuhaus
Branche	Bildung
Organisation	Union der Schülerorganisation der Schweiz
Thematik	Verbesserungen der Bedingungen in den Mittelschulen
Teilnehmerzahl	80 Personen
Dauer	Eineinhalb Tage

Inhalt des Beitrags: Die Union der Schülerorganisation der Schweiz und des Fürstentums Liechtenstein ruft dazu auf, die schulischen Bedingungen der Mittelschulen im Lande zu verbessern. Ein Open Space, in dem die Schüler unternehmerisch denken.

 150

Open Space – Ein erster Prozessschritt in der Verwaltungsreform	
Autor/ in	Burkhard Bösterling und Iris Brünjes
Branche	Bildung
Organisation	Fachhochschule
Thematik	Verwaltungsreform
Teilnehmerzahl	90 Personen
Dauer	Zwei Tage

Inhalt des Beitrags: Ein Verwaltungsreformprozess in einer Fachhochschule. Burkhard Bösterling und Iris Brünjes beschreiben einen Prozess, der mit Open Space begann.

Traute Müller

Ver.di: Die ÖTV vor der Entscheidung

Titel der Veranstaltung: »Ver.di-Dialog«	
Auftragnehmerin:	Traute Müller, TMC Traute Müller Consulting
Branche:	Gewerkschaft
Anlass:	Zusammenschluss fünf großer deutscher Gewerkschaften
Ziel:	Vorbereitung eines Gewerkschaftskongresses. Förderung der Dialogfähigkeit im Vorfeld existenzieller und konfliktträchtiger Entscheidungen: »Ein Forum schaffen für offene Fragen, für gemeinsames Nachdenken, für Wünsche, Visionen und Ideen«
Dauer:	2 Tage
Teilnehmerzahl:	80 Personen
Teilnehmerkreis:	Delegierte des Gewerkschaftstages, Gewerkschaft ÖTV

Ver.di und die gewerkschaftlichen Entscheidungsprozesse zur Fusion

Im März 2001 wurde die neue Gewerkschaft Ver.di gegründet. Die Deutsche Angestellten Gewerkschaft (DAG), die Deutsche Postgewerkschaft (DPG), die Gewerkschaft Handel, Banken und Versicherungen (HBV), die IG Medien und die Gewerkschaft Öffentliche Dienste, Transport und Verkehr (ÖTV) fusionierten zur »Vereinigten Dienstleistungsgewerkschaft« (Ver.di).

Dieser Zusammenschluss ist die bedeutendste Weichenstellung im Bereich der Gewerkschaften seit ihrer Neuorganisation in Deutschland nach 1945. Ver.di wird weltweit die größte freie Einzelgewerkschaft sein mit drei Millionen Mitgliedern und über 1.000 Berufen. Mit Ver.di soll ein modernes Profil einer Gewerkschaft des 21. Jahrhundert entstehen, das auch für die Menschen in den neuen Dienstleistungsberufen attraktiv ist. Doch die Fusion war in den beteiligten Gewerkschaftsorganisationen nicht unumstritten. Vor allem in der ÖTV gab es grundsätzliche Bedenken und Zweifel, ob und wie es gelin-

Ver.di: eine moderne Gewerkschaft schaffen

gen kann, die fünf Gewerkschaften mit ihren unterschiedlichen Kulturen in einer Organisation zusammenzubringen.

Alle Gewerkschaften befanden sich in der Zeit bis zum Frühjahr 2001 im Vorfeld existenzieller und konfliktträchtiger Entscheidungen. Dabei waren die Voraussetzungen für die Fusion sehr hoch gesteckt: Die Delegierten aller fünf Gewerkschaften mussten jeweils auf ihren Gewerkschaftstagen der Auflösung der eigenen Gewerkschaft zustimmen. Die ÖTV brauchte eine Auflösungsmehrheit von 80 Prozent der Stimmen.

Die »weiche« Methode Open Space bei harten Konflikten?

Wird die erforderliche Auflösungsmehrheit auch in der ÖTV zu erreichen sein? Diese Frage bewegte die ÖTV im Herbst 2000 bis zum Frühjahr 2001 ganz außerordentlich. Was passiert mit der ÖTV, wenn die 80 Prozent nicht erzielt werden? Ist die Organisation dann noch handlungsfähig?

»Ver.di-Dialog« initiieren

Im Vorfeld der Entscheidung zum Fortgang des Fusionsprozesses auf dem Gewerkschaftstag im November entschloss sich der Geschäftsführende Hauptvorstand der ÖTV, einen »Ver.di-Dialog« in Form einer Open-Space-Veranstaltung durchzuführen.

Die Polarisierung zwischen Befürwortern und Kritikern von Ver.di war zu dieser Zeit sehr stark und der Hauptvorstand der ÖTV wollte in die festgefahrenen Positionen Bewegung bringen. Von der Open-Space-Methode erhoffte man sich, die Dialogfähigkeit in der Organisation zu fördern.

Open Space auch bei Konflikten und Fronten?

Der Einsatz von Open Space im Vorfeld einer solchen Entscheidung war ungewöhnlich. Auch wir als erprobte Open-Space-Moderatoren waren nicht sicher, ob das funktionieren kann. Die Frage war: Ist in einer so dramatisch zugespitzten Konfliktsituation, mit Frontenbildung und im Vorfeld einer existenziellen Entscheidung über die Auflösung der ÖTV, die immerhin auf mehr als 100 Jahre Geschichte zurückblicken konnte, die »weiche« Methode Open Space überhaupt geeignet? Am Anfang des gewerkschaftlichen Fusionsprozesses wäre die Methode ohne Zweifel sehr stimmig gewesen, aber jetzt, kurz vor einer drohenden Bruchlandung? Die klassische Einschätzung ist bisher jedenfalls, dass Open Space keine Methode zur Klärung von Konflikten ist.

Starker Wille für Open Space

Aber die Initiatoren in der ÖTV waren hartnäckig. Wolfgang Rose, Bezirksvorsitzender der ÖTV aus Hamburg, hatte gute Erfahrung mit Open Space gesammelt und war überzeugt, dass die klassischen Formen der Konfliktaustragung ausgereizt waren. Die stellvertretende Bundesvorsitzende der ÖTV, Elisabeth Vogelheim, plädierte dafür, einen neuen Stil der Kommunikation auszuprobieren: Musik von oben half nicht mehr. Der Wunsch alles zu versuchen, um die Dialogfähigkeit in der Organisation zu stärken, war groß. Da gab es kein Zögern mehr.

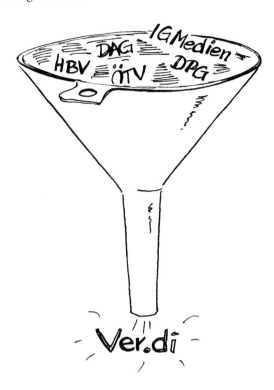

Konfliktpartnerschaft in der Vorbereitungsphase

Angesichts der ungewöhnlichen Situation leitete ich die Veranstaltung gemeinsam mit meinem Netzwerkpartner Thomas Leschig (Bauer-Sternberg & Leschig, Gesellschaft für Organisationsentwicklung mbH).

Mit der ÖTV wurde vereinbart, dass sich die Moderatoren zum geplanten Gewerkschaftszusammenschluss Ver.di neutral verhielten. Verpflichtet fühlten wir uns dem Ziel der Veranstaltung: »*Ein Forum schaffen für offene Fragen, für gemeinsames Nachdenken, für Wünsche, Visionen und Ideen*«. Innerhalb kürzester Fristen hatten sich 80 Teilnehmerinnen und Teilnehmer für die Veranstaltung angemeldet.

Von großer Bedeutung war die Bildung einer Steuerungsgruppe, in der die unterschiedlichen Positionen zu Ver.di durch Vorsitzende der Bezirke vertreten waren. Diese Gruppe bereitete die Einstiegsphase gemeinsam mit uns vor. Der Abschluss der Veranstaltung wurde erst vor Ort im Prozess vereinbart. Die Planung der Veranstaltung fand in einer konstruktiven Atmosphäre statt. Alle wollten besser miteinander ins Gespräch kommen. Die Bezirksvertreterinnen und -vertreter praktizierten Konfliktpartnerschaft.

Die Einführung stellte die Weichen

Ausführliche Einführungsphase

Die Veranstaltung im September 2000 startete mit einer ausführlichen Einführungsphase am ersten Abend. Damit wurden die Weichen auf Dialog gestellt. Der Abend diente der Orientierung aller. Beim Start war es sehr wichtig, das Anliegen der Veranstaltung für alle klar zu bestimmen, um Vertrauen in die Form und in die Moderation herzustellen.

❖ Es ging nicht um eine Vorentscheidung für den Gewerkschaftstag. Die Delegierten hatten Raum und Zeit, miteinander zu sprechen, zu streiten, aber auch Fragen zu stellen, Ambivalenzen nachzugehen. Zuhören und aufeinander eingehen standen im Vordergrund.
❖ Stimmungslagen, Freude, Sorge, Befürchtungen und Hoffnungen, die mit Ver.di verbunden waren, sollten Platz haben.
❖ Die Teilnehmenden sollten sich trotz unterschiedlicher Meinungen zu Ver.di als Gemeinschaft wahrnehmen können. Interesse und Neugier aneinander sollten geweckt werden.

Sich begegnen, Positionen wahrnehmen, Vertrauen aufbauen

Diese Anliegen wurden von Anfang an deutlich. Dies geschah mit kreativen aktionsorientierten Methoden, die schon in den ersten 30 Minuten Begegnung in verschiedenen Gruppen ermöglichten. Alle konnten ihre Stimmungen zum Inhalt und zur Methode der Veranstaltung ausdrücken. Damit wurden Aktivität, Spannung und Neugierde für den weiteren Prozess gefördert.

Nach einem bewegten Stimmungsbarometer zur Fusion, zur Situation in der ÖTV und zu der Form der Veranstaltung gab es kurze Inputs zu Ver.di. Hierzu waren Vertreter der Partnergewerkschaften eingeladen, die unterschiedliche Standpunkte zu Ver.di einnahmen. Dieser Auftakt zeigte, dass alle Positionen auf der Veranstaltung ihren Raum bekommen würden. Die Statements wurden nicht diskutiert, um sich von den bekannten Ritualen abzusetzen. Sie dienten als Anregung für die eigene Meinungsbildung. Dann wurde der Abend mit einem Stimmungsbild abgeschlossen, am nächsten Morgen erfolgte die Einführung in die Open-Space-Methode.

Der offene Raum wurde gut genutzt

In vier Workshop-Phasen von jeweils 1,5 Stunden haben alle Teilnehmer den Rahmen gut genutzt. 22 Workshop-Themen wurden am ersten Tag angeboten. Die Themen hatten eine große Bandbreite. Visionen und Befürchtungen zu Ver.di wurden thematisiert wie unter anderem:

❖ »Träume und Visionen gegen knallharte Fakten« – Fachgruppen Solidarität.
❖ Alle sprechen von Visionen – ich möchte sie mit euch benennen.
❖ Die ÖTV – ohne Ver.di im Jahre 2010.
❖ Ver.di: ein Sammelsurium der bisherigen Gewerkschaften oder eine neue Organisation mit neuen Strukturen?

Aber auch zu Fragen der weiteren Prozessgestaltung wurde Stellung genommen:

❖ Wie kann Ver.di doch noch gelingen?
❖ Wie können die verschiedenen und auch berechtigten Meinungen, Erfahrungen sowie Gefühle integriert und daraus Handlungskompetenz abgeleitet werden?
❖ Wie sieht die gewerkschaftliche Landschaft im September 2001 aus?

Darüber hinaus gab es Themen, wie zum Beispiel die Einstellung zu Ver.di aus der Perspektive der Mitglieder, der Hauptamtlichen und der Nichtmitglieder. In den Workshops wurde der Dialog praktiziert. Es gab nicht allein klare Befürworter und Gegner. Die Arbeitsatmosphäre war produktiv. Unterschiedliche Standpunkte konnten ausgetauscht werden.

Am Ende des ersten Tages hatten die Teilnehmer im Plenum ihren positiven Eindruck dargestellt. Die überraschende Erkenntnis war: Durch den Wegfall der üblichen Konferenzrituale war eine andere Art der Begegnung möglich geworden. Kommunikation und Gemeinsamkeiten zwischen den Interessengruppen wurden spürbar.

Interessengruppen finden zueinander

Mit der gleichen Einstellung verlief die Arbeit am zweiten Tag. Es gab eine Workshop-Phase mit vier weiteren Angeboten, wobei Themen vertieft und weitergeführt wurden. Die Qualität der Diskussion wurde von allen geschätzt.

Offene Arena statt Frontalunterricht

Wir konnten feststellen, dass die besondere Atmosphäre einer Open-Space-Veranstaltung auch hier anzutreffen war. Was waren die Voraussetzungen?

❖ Maßgeblich war, dass die ÖTV – gerade weil sie Streit hatte – nach Möglichkeiten suchte, wie die Organisation ihre Gemeinsamkeiten stärken konnte. Das Interesse am Dialog und Zusammenhalt der Organisation in konflikthaften Zeiten war da.

Alte Rituale waren außer Kraft ❖ Die Regeln von Open Space setzten alte Rituale außer Kraft. Es gab eine andere Form der Begegnung. Eine offene Arena mit spannenden Auftritten, unerwarteten Erklärungen und neuen Profilierungen, die eine hohe Aufmerksamkeit füreinander schufen. Wer geht in die Mitte und präsentiert sich und sein Thema? Die Diskussion war in ihrer Abfolge nicht festgelegt, auch die Art der Themen und die persönlichen Beiträge waren anders als gewohnt. Jeder hatte die gleiche Verantwortung für das gemeinsame Gelingen.

Die Arena erzeugte Spannung und Respekt, denn jeder konnte in die Mitte treten. Dazu gehörten Mut und die Bereitschaft, sich zu zeigen. Die Beiträge waren nicht vorbereitet. Die hierarchiefreie Form des Dialogs förderte die konstruktiven Kräfte aller Beteiligten. Auch Personen, die sich sonst streitend begegneten, entdeckten mehr Gemeinsamkeiten oder ließen sich auf die anderen Argumente ein. Es entstand ein besonderes Gemeinschaftsgefühl, das aber die Unterschiede nicht zudeckte.

Ein besonderer Abschluss – Haltungen wurden sichtbar und erlebbar gemacht

Ranking bewusst vermieden Der Abschluss der Konferenz fand in zwei Schritten statt und war abgestimmt auf das Anliegen der Konferenz. Auf eine Bewertung aller Themen im Sinne eines Rankings wurde bewusst verzichtet. Alle Themen hatten ihre Bedeutung, und es sollte jeder Eindruck vermieden werden, das Festlegungen getroffen werden, die die Meinungsbildung des Gewerkschaftstages vorwegnahmen.

Gleichwohl sollte die Veranstaltung nicht ohne Wirkung bleiben. So war die Frage: Was nehmen die Teilnehmenden auf den Gewerkschaftstag von dieser Veranstaltung mit? Wir boten hierzu zwei unterschiedliche Formen an:

❖ Die erste Form der Auswertung erfolgte mit Hilfe einer Kugel. Diese lag in der Mitte des Kreises, und jedes Mitglied der Veranstaltung konnte sie an sich nehmen und dann seine persönlichen Gedanken zum Ausdruck bringen. Diese Form war sehr geeignet für die Äußerung der individuellen Sichtweisen und Haltungen.

❖ Die zweite Form des Abschlusses erfolgte in Gruppen. Der Hauptvorstand und die Bezirksvorsitzenden bildeten eine eigene Gruppe.

Die Gruppen diskutierten, mit welcher Haltung und welchem Motto sie zum Gewerkschaftstag gehen wollten. Danach wurden sie dazu interviewt, sodass alle Haltungen und Mottos öffentlich genannt wurden. Die Gedanken hierzu waren sehr übereinstimmend. Es ging um Respekt und Wertschätzung für andere Meinungen. Um ein Klima, in dem ein Zuhören möglich ist. Um das Versprechen, sich an die positive Atmosphäre zu erinnern und sie auf dem Gewerkschaftstag wieder zu beleben.

Haltungen sichtbar machen

Es war ein bewegender Abschluss, der deutlich machte, welche große Bereitschaft vorhanden war, die Diskussion um Ver.di mit Wertschätzung für die Meinung des Andersdenkenden fortzuführen.

Der Gewerkschaftstag in Leipzig

Auf dem Gewerkschaftstag in Leipzig im November 2000 stimmten nur 62,4 Prozent der Delegierten dafür, den Ver.di-Weg fortzusetzen. Das ÖTV-Magazin schrieb dazu: »In diesem Moment war Ver.di praktisch tot.«

Herbert Mai übernahm die politische Verantwortung und trat als Vorsitzender zurück. Der Rücktritt sorgte zunächst für Ratlosigkeit, Enttäuschung, Traurigkeit, Orientierungslosigkeit. Dennoch hatte er eine nachhaltigere Wirkung. Herbert Mai schuf damit einen offenen Raum. Die Verantwortung für den Ver.di-Prozess und für die Führung war neu zu bestimmen und die Delegierten nahmen nach dem ersten Schock diese Verantwortung auch an. Nach einer neuen Beschlussempfehlung entschieden sich diesmal knapp 78 Prozent der Delegierten für die Fortsetzung des Prozesses. Sie wählten mit großer Einmütigkeit einen neuen Vorsitzenden, der sich sehr klar für Ver.di ausgesprochen hatte. Frank Bsirske wurde mit fast 95 Prozent der Stimmen zum neuen Vorsitzenden gewählt.

Open Space lässt Konfliktpartnerschaften entstehen

Weiter innovativ voran

Hat die Open-Space-Veranstaltung den Kongressverlauf des Gewerkschaftstages beeinflussen können? Dieser Anspruch wäre sicher zu hoch. Das Verhalten einzelner Teilnehmer ist aber davon beeinflusst worden. Die Strukturen und Abläufe klassischer Gewerkschaftsveranstaltungen unterscheiden sich zu stark von Open-Space-Veranstaltungen. Dennoch zeigten die positiven Erfahrungen der Veranstaltung ihre Wirkung. Der neue Vorstand der ÖTV beschloss unmittelbar nach seiner Wahl, vor dem entscheidenden Kongress im März 2001 zwei weitere Open-Space-Veranstaltungen zu Ver.di durchzuführen.

Offenbar war sich der Vorstand bewusst, dass es für diese grundsätzliche Fragen einer neuen Qualität der persönlichen Reflexion bedarf. Die Veränderungen mussten vor dem Hintergrund der eigenen Lebenserfahrungen abgewogen werden. Es ging um ganzheitliche Qualitäten, es ging um Kopf, Herz und Bauch. Hierzu bot Open Space einen Rahmen, der es trotz der Meinungsunterschiede ermöglichte, die Organisation als Ganzes, das »wir« mit allen Sinnen zu erfahren. In einem Klima der Polarisierung verengt sich schnell der Blick. In einem Klima der gegenseitigen Wertschätzung findet eine komplexere Abwägung statt. Die ÖTV positiv zu erleben, dies geschah auf allen Open-Space-Veranstaltungen.

So legte die Vorbereitungsgruppe für die beiden zusätzlichen Veranstaltungen unter Leitung des neuen Vorstandsmitglieds Isolde Kunkel-Weber ihren Schwerpunkt auf die Chancen zur persönlichen Vorbereitung zum Gewerkschaftstag. »Ich bereite mich mit allem, was mich persönlich und gemeinsam mit anderen bewegt, auf den Gewerkschaftstag vor« – das war der Arbeitstitel der weiteren Dialogveranstaltungen. Beiden Veranstaltungen im Frühjahr 2001 fehlte aber die Leichtigkeit der ersten Veranstaltung. Die anstehende Entscheidung war zu präsent und es gab keine Illusionen bezüglich der Schärfe der Konflikte und der Härte der Auseinandersetzung.

Die Dialoge waren wertschätzend und engagiert. Auf beiden Veranstaltungen waren »Wiederholer«, die ganz selbstverständlich den Rahmen für ihre Themen nutzen. Viele engagierten sich, die *ganze* Organisation nach Ver.di mitzunehmen. Die Arbeitsgruppen waren groß. Das war auch ein Zeichen dafür, in diesen Zeiten zusammenbleiben zu wollen. Alle Mitglieder des geschäftsführenden Hauptvorstandes nahmen teil. Symbolisch wurde der Koffer für Berlin gepackt – nicht allein mit Beschlussentwürfen, sondern auch mit Haltungen zum Umgang in Konfliktsituationen. Für die teilnehmenden Delegierten war die persönliche Vorbereitung auf die anstehende Entscheidung über Ver.di tief und komplex.

Kritiker nicht in die Ecke stellen und gleichzeitig Ver.di zum Erfolg zu führen – das wollten viele Delegierte. Daran ließen auch der geschäftsführende Hauptvorstand und der Vorsitzende Frank Bsirske keinen Zweifel. Keine leichte Aufgabe, die gleichwohl gelang. Auf dem entscheidenden Gewerkschaftstag im März 2001 sprachen sich 87 Prozent der Delegierten für Ver.di aus. Eine große Zustimmung. Es war das Ergebnis engagierter Bemühungen der Verantwortlichen in der ÖTV mit vieler Diskussionen. Die Open-Space-Veranstaltungen haben einen unterstützenden Beitrag geleistet.

Basis für Ver.di-Entscheidung geschaffen

Was heißt das abschließend für den Einsatz von Open Space in Konflikten?

Open Space ist keine Form, um Richtungsentscheidungen herbeizuführen. Es ist eine hervorragende Methode, um für Entscheidungen eine bessere Grundlage zu schaffen, und zwar individuell und gemeinschaftlich. Der Einzelne erfährt die Resonanz der Argumente. Das »Gesetz der zwei Füße« zwingt nicht in Debatten. Die Arena zeigt Themenvielfalt, Sichtweisen und Betroffenheiten. Damit werden Offenheit, Anregung und Spannung erzeugt, und das mediterrane Flair der Begegnung am Bistrotisch unterstützt die Verständigung.

Florian Fischer und Erich Kolenaty

Open Space in Open Air

Abschlussveranstaltung des Sommer-Open-Air-Forums »Brücken für den Frieden« im Volksgarten in Wien

Titel der Veranstaltung: »Brücken für den Frieden, die nächsten Schritte«	
Auftragnehmer:	Florian Fischer, Begleiter/Essayist; Erich Kolenaty, TRAIN Organisationsberatungs-GmbH
Beauftragende Organisation:	SOS-Mitmensch
Branche:	Bürgerbeteiligung
Anlass:	Abschluss der Veranstaltungsreihe, Erprobung einer Methode zur Beteiligung und Aktivierung aller Teilnehmer
Ziel:	Mitwirkung entfalten für Folgeveranstaltungen über den Winter
Dauer:	Drei Stunden
Teilnehmerzahl:	30 bis 60 Personen
Teilnehmerkreis:	Stammpublikum, NGO-(Non-Gouvernment-Organisation) Aktivisten, Intelektuelle und Spaziergänger
Ort:	Volksgarten Wien, vor und um den Theseus–Tempel unter freiem Himmel

Der Kontext

In Wien fand 1999 ein Sommer-Open-Air-Forum »Brücken für den Frieden« statt. Von Juni bis September versammelten sich jeden Mittwoch von 18 bis 21 Uhr im Volksgarten, einem öffentlichen Park, NGOs, politische Aktivisten, Autoren und Künstler, die öffentlich über Fragen der Friedenssicherung und -erhaltung sowie andere politische Themenstellungen diskutierten. Das Publikum wechselte ständig. Durchschnittlich waren bei den Veranstaltungen zwischen 40 und 100 Personen anwesend, davon etwa 30 regelmäßige

»Stammgäste«. Die meisten Abende waren als Podiumsdiskussion mit anschließendem Publikumsgespräch gestaltet, aber es fanden auch künstlerische Aktionen und andere Veranstaltungsformen statt.

Die Einrichtung des Ortes wurde jedes Mal mit Parkbänken für die Zuhörer, mit einem tragbaren Verstärker fürs Podium und mit einem textilen Text-Transparent für die Bezeichnung der Veranstaltung improvisiert.

Theseus-Tempel

Als Veranstalter firmierte in diesem Sommer die für Menschenrechtsfragen bekannte und etablierte NGO »SOS-Mitmensch«. Die Initiative zu dem Projekt ging jedoch von einer Privatperson aus, einer Frau, die fast ohne Etat, mit Fahrrad und Telefon ein ganzes Netzwerk von Kooperationspartnern in Verbindung brachte und hielt. Sie erledigte sowohl die Planung der Veranstaltungen, die Organisation der notwendigen logistischen Ressourcen als auch das Marketing dafür. Das gesamte Forum basierte also auf unentgeltlicher, freiwilliger Arbeit.

Wie Open Space zu den Brücken kam …

Ein Berliner in Wien kam an einem Mittwoch zufällig als Spaziergänger in den Volksgarten und geriet zufällig in den Kreis der Zuhörer und Diskutanten am Ende der Podiumsdiskussion. Dabei wurde auch darüber gesprochen, wie man aus dem Diskutieren zu Taten kommen könne. Dass dazu zwar viele der Teilnehmer willens seien, dies aber in der Art der Mittwoch-Treffen nicht zum Tragen käme. Ferner sei die Zeit für Plenumsgespräche nach den Podiumdiskussionen zu kurz. Ich (Florian) stellte in Kurzfassung Open Space als Methode vor, mit der alle Teilnehmer von vornherein im Rahmen der vorgegebenen Zeit genügend Zeit für eigene Anliegen hätten. Damit traf ich auf helles Interesse und erhielt eine Einladung, eine der nächsten Mittwochs-Veranstaltungen als Open Space zu gestalten. Einer der Teilnehmer zog aus der Hosentasche ein paar Schillingscheine und gab sie mir als Anteil für die Reisekosten mit der Bemerkung, für wichtige Dinge habe er in seiner Schule einen kleinen Fond, über den er verfügen könne. Es war die Hälfte der Flugkosten.

Spontanes Interesse an Open Space

Wir vereinbarten, die Abschlussveranstaltung des Forums Ende September als Open Space anzulegen. Die Idee war, den Schwung und die Energie von »Brücken für den Frieden« in das »Winterquartier«, im Cafe des Radiokulturhauses des ORF, zu übertragen und das Publikum bei der Planung und Umsetzung konkreter Aktivitäten zu beteiligen.

In einer gewissen Unsicherheit, ob ein Berliner Preuße in Wien der geeignete Begleiter für unerwartete Prozesse sei, fragte ich per E-Mail Erich Kolenaty in Wien, den ich bis dahin nur flüchtig kannte, ob er Lust und Zeit habe, diese Open-Space-Veranstaltung mit mir gemeinsam zu begleiten. Umgehend kam seine Zusage.

Die Rahmenbedingungen

Der Volksgarten ist ein großer, öffentlicher Park an der Ringstraße im Herzen Wiens, unmittelbar benachbart dem Burgtheater und der Hofburg. Mitten im Park befindet sich ein neugriechischer Tempel aus dem 18. Jahrhundert. Das Gebäude steht auf einem Podest: Vier, fünf Stufen führen hinauf zu einem verschlossenen Innenteil, der von Säulengängen an den Außenwänden umgeben ist. Davor ist reichlich Raum, begrenzt von Blumenrabatten und Parkbänken. Die einzigen Ressourcen, die vor Ort zur Verfügung stehen, sind die Mauern des Tempels, der Platz davor, die Parkbänke, die Spaziergänger im Park und ein in der Nähe gelegenes öffentliches WC. Alles, was für die

Veranstaltung benötigt wurde, brachten freiwillige Helfern von zu Hause mit. Das Unglaubliche passierte: Schlussendlich war irgendwie alles da, was unbedingt benötigt wurde, inklusive einem Kessel zum Teekochen.

Die Veranstaltung fand im Freien vor und um den Tempel herum, mitten im öffentlichen Raum statt. Vor dem Tempel wurden der »Eröffnungskreis« mit Parkbänken eingerichtet, daneben die Instrumente der Bands aufgebaut. Die Gruppenarbeitsplätze waren rund um den Tempel herum angeordnet. Jeder der sechs Plätze wurde von Packpapier-Bögen, die an die Wand befestigt waren, markiert. (Kleiner Trick für schwierige Wände: Einen breiten Streifen Klebeband direkt auf der Wand anbringen als Träger für den Klebestreifen, der den Papierbogen hält.) Bei Beginn um 18 Uhr war es noch hell, die Veranstaltung ging in die herbstliche Abenddämmerung über und endete gegen 21.30 Uhr im Dunkeln des kaum erleuchteten Parks. Der Tempel war nur mit einigen wenigen improvisierten Flutern beleuchtet. Im Hintergrund tönte der Lärm der pulsierenden Großstadt.

Open Space im Freien und mit wenigen Materialien

Die Gesamtdauer der Veranstaltung betrug etwa 3,5 Stunden. Davon spielte eine Band etwa 25 Minuten zur Einstimmung, eine andere Band schloss mit einer 30-Minuten-Show. Dazwischen, etwa 2,5 Stunden, fand das Open Space statt: Einführung, eine Arbeitsrunde, Berichte und eine Abschlussrunde. 40 Leute saßen anfangs im Kreis, 25 neugierige Spaziergänger standen um den Kreis herum, etwa 20 weitere Personen gingen in der Nähe spazieren.

Ablauf

Als Umrahmung und als Lockvogel für die Spaziergänger spielte die eine Band zwei, drei Songs. Anschließend kamen die Schulkinder an die Reihe. Sie bildeten mit ihren Körpern Brücken (für den Frieden). Es wollte nicht so recht gelingen, trotzdem eine rührende Szene mit tönendem Applaus. Dann wurde der Raum geöffnet: das Thema, die Spielregeln, die vier Prinzipien, das »Gesetz der zwei Füße« und die beiden Phänomene »Schmetterlinge« und »Hummeln« erläutert, der Ablauf erklärt und noch einmal eine Kurzfassung des Ganzen in einer wienerischen Variante gegeben.

Musik lockt Spaziergänger an

Und dann ging's los: die Nennung der Themen. Ein aufregender Moment. Und – unglaublich – es werden neun Themen genannt. Uns fehlte eine Anschlagwand. Wir improvisierten. Handliche Clip-Boards wurden mit je zwei DIN-A4-Blättern darauf entsprechend vorbereitet, ein Blatt für das Thema und den Namen des Einladers und eines mit einem Berichtsformular. Nachdem alle Themen genannt waren, stand jeder Einlader noch einmal auf und wiederholte sein Thema. Die Interessenten versammelten sich rund um die Einlader. Sechs Workshops kamen zustande: »Ständiger Treff im Radio-Cafe«, »Friedensarbeit«, »Kontakt mit Jugendlichen im Kosovo«, E-Mails«, »Home-pages, »Gründung eines Dialogzentrums«, »Initiative Volksgruppen«. Die Menschen verteilten sich rund um den Tempel. Dazwischen huschten jede Menge »Schmetterlinge« und »Hummeln«. Die Moderatoren waren schon wegen der Dunkelheit weitgehend unsichtbar, zeigten ihre volle Präsenz aber dadurch, dass sie den Teilnehmern heißen Tee mit Rum kredenzten.

Der Tag wurde rasch zur Dämmerung und zur Nacht. Dem Beobachter bot sich eine imposante Perspektive: Der erleuchtete Tempel im dunklen Park, umgeben von heftig diskutierenden Menschengruppen. Die gestische Diskussion erschien als Schattenbilder vergrößert auf den Tempelmauern.

Arbeitsgruppen im und um den Tempel

Das Prinzip »Vorbei ist vorbei« wurde mit dem Fortschreiten der Gruppenarbeit wirksam. Es war schwierig, die Leute in der kühlen Abendstimmung bei der Stange zu halten, eine erste Abwanderung setzte ein.

Wir entschieden uns dafür, den Bogen rasch zu schließen, drängten auf den Abschluss bei den zwei noch diskutierenden Gruppen und holten die verstreuten »Schmetterlinge« zur Abschlussrunde zusammen. Aus fünf Gruppen wurde mündlich (und später auch schriftlich) berichtet. Es wurde zugesagt, dass alle, die sich in eine Liste eintrugen, Kopien der Berichte zugesandt bekamen. Zum Abschluss wurde eine Kerze herumgegeben. Große Begeisterung herrschte bei den zu diesem Zeitpunkt noch anwesenden ungefähr 30 Teilnehmerinnen und Teilnehmern.

Danach erfolgte der offizielle Abschluss des Open-Air-Forums. Die Organisatorin wurde geehrt, Reden, Blumensträuße. Dann wieder Musik. Wir saßen da, ganz verzaubert von dem Ereignis und der Begeisterung der Leute. Es war ein Gesamtkunstwerk gelungen, das sich die Menschen mit unserer Mithilfe selbst geschenkt hatten. Tags darauf, es war ein sonniger Spätherbsttag, kehrte ich (Erich) zurück zum Ort des Geschehens und verbrachte Stunden im Park, durchgewühlt und voller nachklingender Erinnerungen.

Die Ergebnisse

Der Abend wurde als sehr erfolgreich beurteilt und hatte vor allem die Erwartungen in die freie und effiziente Form des Dialogs voll erfüllt. Seither wurde zwei weitere Male mit Open Space gearbeitet. Es bestand fast die Gefahr der Überschätzung der Methode, das heißt des Wunsches, auch ungeeignete Anliegen damit zu bearbeiten.

Erwartungen voll erfüllt

Inhaltlich wurden die Ergebnisse von drei der Themen ziemlich nahtlos in Aktionen übergeführt: »Homepages, E-Mails«, »Ständiger Treff im Radio-Café«, »Kontakt mit Jugendlichen im Kosovo«. Es hatte sich auch hier gezeigt, dass Themen, die eher allgemein philosophisch angetragen werden, schwierig in Handlungen umzusetzen sind.

Unsere Erfahrungen und heutigen Einschätzungen

Aus heutiger Sicht, mit der Distanz von mehr als einem Jahr, stellen sich zwei interessante Fragen:

- ❖ Wie kommt es, dass ein Berliner Preuße, der am Rande einer Veranstaltung in Wien ein völlig neues Verfahren wie Open Space vorschlägt, spontan das Vertrauen erhält, das auch umzusetzen?
- ❖ Wie kommt es, dass so ein Vorhaben, das man als Moderator bei den Bedingungen von Open-Air, der fehlenden Infrastruktur, der Kürze, dem öffentlichen Raum und der Dunkelheit unter normalen Umständen nie annehmen würde und das professionell gesehen auch keinerlei Erfolgsaussicht hat, trotzdem klappen kann?

*Open-Space-
Philosophie war
schon vorhanden*

Wir vermuten, dass sich beide Phänomene im Grunde gleich erklären lassen: »Brücken für den Frieden« hat, ohne Open Space zu kennen, Open-Space-Philosophie schon gelebt. Die Menschen waren mit zwei der wichtigsten Erfolgsfaktoren im Open Space schon selbstverständlich vertraut: Leidenschaft und Verantwortung. Open Space passt zu dieser Organisationsform einfach perfekt. Das haben alle intuitiv sofort gespürt und das hat es letztlich auch zu einer einzigartigen Veranstaltung gemacht. Plötzlich war alles da, und es wurde alles getan, was wichtig war.

Aus moderationstechnischer Seite sind besondere Vorkehrungen erforderlich: Nur eine Arbeitsrunde zu machen bedeutet, dass alles beim ersten Mal klappen muss. Die Leute haben nicht die Chance, sich das einmal anzuschauen und erst dann so richtig loszulegen. Es braucht viel Klarheit und Eindeutigkeit, es muss alles vorher durchdacht und vorbereitet sein. Gleichzeitig benötigt speziell diese Teilnehmergruppe einen Hauch von scheinbar chaotischer Spontaneität und jede Menge Freiraum.

Im Nachhinein habe ich die Planungs- und Checklisten der Organisatorin nochmals durchgesehen. Da wurde mir klar, dass zu dieser scheinbar improvisierten Veranstaltung eine ungeheure logistische Vorleistung erbracht wurde, die hier wie auch sonst immer einen unauffälligen, aber wesentlichen Beitrag zum Erfolg geliefert hatte. Nur hätten wir es in diesem Kontext nicht erwartet.

Viel Energie wird in so einem Umfeld gebraucht, das so unverbindlich ist, um die nötige Konzentration und Dichte herzustellen. Und es ist schwierig, den Raum und die Zeit zu halten, das rechte Maß von Bündeln und Einfangen und »let it all go« zu finden.

*Visualisierung
und Berichte sind
sehr wichtig*

Auch bei nur einer Arbeitsrunde zeigen sich alle Phänomene, die wir auch sonst von Open-Space-Veranstaltungen kennen: Die Visualisierung und die Berichte spielen in diesem Umfeld eine noch wesentlichere Rolle als sonst. Die Dialoge werden dadurch konkret unterstützt auf den Punkt und auf ein Ziel hin zu diskutieren. Die mündlichen Berichte am Schluss verbinden die Arbeit der Menschen vor Ort. Wenn es allerdings sehr viel mehr Gruppen gibt, ist auch dieses Verfahren zu überdenken.

»Vorbei ist vorbei« gilt individuell wie kollektiv. Im offenen, öffentlichen Raum gibt es keine Verpflichtung und auch keine Verbindlichkeit. Es braucht noch ein Stückchen mehr Zugkraft, Faszination und Motivation als sonst, damit die Menschen dabei- und dranbleiben.

Wir beide als Begleiter und die Organisatorin dieses besonderen Ereignisses sind seither dran- und dabeigeblieben als Freunde. Die anderen Auswirkungen und Verbindungen haben sich in Weite und Tiefe selbst entfaltet.

Carole Maleh

Eine Open-Space-Veranstaltung bringt Schwung in den Netzbau der Stadtwerke

Titel der Veranstaltung: »Wir entdecken gemeinsam Wege«	
Auftragnehmerin:	Carole Maleh, CAMA Institut für Kommunikationsentwicklung
Beauftragende Organisation:	Stadtwerke Hannover AG
Branche:	Energie-, Gas-, und Wasserversorgung
Anlass:	Verschärfung des Wettbewerbs
Ziel:	Verbesserte Einführung eines Prozess-Planungs-Steuerungsverfahrens (PPS)
Dauer:	3 Tage
Teilnehmerzahl:	70 Personen
Teilnehmerkreis:	Abteilungs-, Unterabteilungs-, und Gruppenleiter, Meister, Monteure und Monteurshelfer

Großer Erfolg, viele Themen und viel Energie

Es war eine besondere Veranstaltung für die Abteilung Netzbau der Stadtwerke Hannover. Zum ersten Mal in der Unternehmensgeschichte wurden die Mitarbeiter in die Zukunft des Unternehmens in dieser Form eingebunden. Die Unternehmenszeitung schrieb dazu: »Seit 1997 wird in der Abteilung Netzbau ein Prozess-Planungs-Steuerungssystem (kurz: PPS) eingeführt. Da dieses System viel Eigenverantwortung und genaue Absprachen verlangt, sind die Netzbauer mit Besprechungen und Workshops eigentlich gut versorgt. Dennoch hat sich ein Drittel der rund 200 Mitarbeiterinnen und Mitarbeiter bereits Ende März 1999 eingefunden, um eine zweieinhalbtägige Open-Space-Veranstaltung zum Erfolg zu bringen.« Weiter hieß es: »Bereits zehn

Ein einzigartiges Erlebnis

Sekunden nach dem Aufruf präsentierte der erste Netzbauer sein Thema und viele folgten ihm nach. Die Konferenz war ein Erfolg. Aus den 27 Workshops der Konferenz haben sich am letzten Tag zwölf Arbeitskreise zur Umsetzung der gefragtesten Themen in der Abteilung gebildet. Am Ende der Konferenz waren sich alle einig: Die vielen guten Ideen bezüglich der besprochenen Themen müssen unbedingt umgesetzt werden, ...«

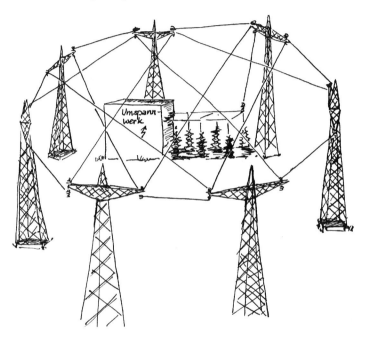

Dieser Ausschnitt aus der unternehmensinternen Presse gibt einen Eindruck davon, wie die Veranstaltung von den Teilnehmenden empfunden wurde. Inhaltlich war das Open Space ein Durchbruch für die Implementierung des PPS. Informell führte die Veranstaltung zu einer verbesserten Zusammenarbeit in der Abteilung und zu einer erhöhten Identifikation mit der Arbeitssituation. Doch was war zwei Jahre später davon noch präsent?

Zwei Jahre später

Eine Rückschau   »Was ist aus den Ergebnissen geworden?«, frage ich zwei Jahre nach dieser dreitägigen Open-Space-Veranstaltung in einem Gespräch den jetzigen Leiter der Abteilung Netzbau. Seine Antwort ist etwas ernüchternd: »Nicht viel«, antwortet Herr Hoffmann zunächst. Dann machen wir uns an die Arbeit. Wir wollen nachvollziehen, was jede der insgesamt zwölf Umsetzungsgruppen nach der Veranstaltung tatsächlich erreicht hat. Welche Ziele erfüllt und welche Aktivitäten durchgeführt wurden. Wir schauen auch, welche Ziele und Maßnahmen, die auf der Veranstaltung erarbeitet wurden, von den Mitarbeitern – unabhängig ob sie zu einer Umsetzungsgruppe gehörten oder nicht – weiterverfolgt wurden.

Das Gespräch dauert bereits einige Zeit und langsam wird deutlich, dass sich hinter dem anfänglich »Nicht viel« doch eine ganze Menge verbirgt. Tatsächlich sind die Ergebnisse ziemlich umfangreich und die Open-Space-Veranstaltung ist in der Rückschau sehr erfolgreich verlaufen. Bis zu einem Jahr nach der Konferenz arbeiteten die ehemaligen Teilnehmenden daran, ihre Wünsche an ihr Arbeitsumfeld gemeinsam im Unternehmen umzusetzen. Und dies überwiegend mit beachtlichen Erfolgen. Dabei ging es um individuelle Belange der Mitarbeiter wie auch um Anliegen, die die Abteilung oder das Unternehmen als Ganzes betrafen.

Die Erfolge liegen verdeckt

Am Ende unseres Gespräches stellte sich daher heraus, dass wir mit den Ergebnissen der Veranstaltung und mit den darauf folgenden Entwicklungen sehr zufrieden sein konnten. Doch etwas dämpft unsere positive Einschätzung. Erstens ist der Erfolg der Konferenz jetzt – zwei Jahre danach – für die Belegschaft kaum noch spürbar. Zweitens ist kritisch anzumerken, dass zwar alle Ziele erreicht wurden, die sich im Zuständigkeitsbereich der Abteilung befanden. Doch abteilungs- bzw. bereichsübergreifende Vorhaben waren nur schwer bis überhaupt nicht zu verwirklichen gewesen. Drittens wurden keine weiteren Open-Space-Veranstaltungen durchgeführt, obwohl dies ausdrücklich von den Mitarbeitern gewünscht worden war.

Gedämpfte positive Einschätzung

Doch kommen wir nun zur Veranstaltung. Worum ging es im Jahr 1999, als sich ein Drittel der 200-köpfigen Netzbau-Mannschaft zu einer dreitägigen Konferenz traf?

Schlagwort PPS: Prozess-Planungs-Steuerungverfahren

Das Schlagwort hieß PPS: Prozess-Planungs-Steuerungsverfahren. PPS war in aller Munde. Jeder in der Abteilung Netzbau sprach darüber, doch nur wenige verstanden, was sich dahinter verbarg. Als sich die Stadtwerke auf die Liberalisierung des Energiemarktes einstellen mussten, wurde es umso wichtiger, Leistungen zu definieren und Kosten zu kalkulieren, um sich auf dem Markt zu behaupten. Zu diesem Zweck wurde das Prozess-Planungs-Steuerungsverfahren in der Abteilung Netzbau eingeführt. Eine Abteilung, deren Mitarbeiter die Versorgung der Endkunden mit Strom sicherstellen.

Standardisierte Arbeitsschritte, kalkulierte Leistungen

Mithilfe des PPS-Verfahrens sollten nun alle Arbeitsschritte und -abläufe definiert und genau festgelegt werden (Leitungen ober- und unterirdisch verlegen, Wartung, Reparaturen und Installation von Stromanlagen, Bau von Umspannwerken). Wer was wann wie lange tut, um das gewünschte Ergebnis zu erzielen, sollte genau ermittelt werden. Am Ende der Standardisierung sollte so der exakte Preis und die genaue Dauer der Produktion bzw. der Bereitstellung einer Dienstleistung definiert werden. Diese Analyse und Standardisierung sollte allerdings nicht den Mitarbeitern aufgedrückt, sondern von ihnen selbst durchgeführt werden. Die Abteilung Netzbau bildete das Pilotprojekt für die gesamten Stadtwerke. Bei erfolgreicher Einführung sollte dann das »geprüfte« Verfahren auf alle Abteilungen und Bereiche angepasst werden. Damit war der Abteilung eine wichtige Verantwortung übertragen worden.

Vieles unklar und schwierig

Trotz einer intensiv betriebenen Mitarbeiterinformation, wussten viele Betroffene nicht, wie sie dieses Verfahren anwenden sollten. Worauf sie bei der Beschreibung ihrer Leistungen achten sollten und vor allem, warum PPS eingeführt wurde und sie dadurch Mehrarbeit zu bewältigen hatten. Nach eineinhalb Jahren Einführung von PPS war klar: Es gab immer noch viele Unklarheiten und Schwierigkeiten mit dem Verfahren. Zwischen den Unterabteilungen stockte die Kommunikation und damit auch das Voneinander-Lernen. Die Stimmung der Mitarbeiter und ihre Motivation für den Wandel waren an einem Tiefpunkt angelangt.

Impulskonferenz statt Open Space

Dies war der Zeitpunkt der Open-Space-Veranstaltung. Mit der Veranstaltung ging die Hoffnung einher, dass die interne Kommunikation verbessert werden könnte, Fragen und Anliegen in Bezug auf das Verfahren geklärt würden und Verbesserungsansätze bzw. -maßnahmen für das PPS-Verfahren entwickelt werden könnten. Schließlich sollten die Mitarbeiter für den Prozess mehr Verantwortung übernehmen. Ein Impuls sollte gesetzt werden, um Veränderungen in der Abteilung in Gang zu bringen. Daher verwendeten wir auch eine deutsche Bezeichnung für Open Space: Impulskonferenz.

Schnell viele Ergebnisse erzielt

Die Mitarbeiter erkannten, dass sie die Einführung des PPS besser gestalten könnten und vor allem auch schneller, wenn sie selbstverantwortlicher denken und handeln würden. So entwickelten sie auf der Veranstaltung in verschiedenen Workshops vielfältige Ideen, wie sie sich bei der PPS-Einführung beteiligen könnten. Sie erarbeiten Maßnahmen, um ihre Arbeit zu unterstützen und darüber hinaus Arbeitsabläufe zu verbessern. Die bis zu diesem Punkt eingesetzte Computertechnik wurde auf ihren Nutzen hin überprüft. Es wurden Vorschläge für die Arbeit vor Ort gemacht, Arbeitsvorgänge verschiedener Abteilungen auf ihre Kompatibilität hin beleuchtet und Ansätze für eine reibungsfreie abteilungsübergreifende Zusammenarbeit diskutiert.

Doch die Verantwortung auf operationaler Ebene reichte den Mitarbeitern nicht aus. Ihnen war die veränderte Marktsituation der Stadtwerke bewusst. So unternahmen sie im Workshop und später in der Umsetzungsgruppe »Dienstleistung« strategische Überlegungen, wie sie die Zukunft der Abteilung Netzbau und damit natürlich ihre Arbeitsplätze erhalten könnten. Auf und vor allem nach der Veranstaltung entwickelten sie ein Konzept, um sich als eigenständige Dienstleister auf dem Markt zu positionieren und externe Aufträge anzunehmen. Sie eruierten die rechtlichen Aspekte, Preise, Kosten, Abläufe und das mögliche Dienstleistungsangebot.

Als eigenständiger Dienstleister auf dem Markt

Seitens der Führung gab es nur eine verhaltene Resonanz auf dieses Ansinnen. Soweit die auf dem Markt angenommenen Aufträge die bestehenden Personalkapazitäten der Abteilung nicht überstiegen, war das Projekt genehmigt. Jedoch durfte kein zusätzliches Personal für die Abwicklung eingesetzt werden, auch dann nicht, wenn das Auftragsvolumen über die durch Mehrpersonal entstehenden Kosten liegen würde. Erst bei einem erwarteten Auftragsvolumen von über einer Million DM würde der Abteilung zusätzliches Personal bewilligt werden. Aufgrund dieser Einschränkung verlief dieses Vorhaben eher auf einem »geringen Niveau«. Hier hätten sich die Mitarbeiter mehr Handlungsspielraum seitens der Führung gewünscht.

Umsetzung nur bedingt gefördert

Um die interne Kommunikation zu verbessern, boten die Teilnehmenden eine Vielzahl von Workshops an, die die Zusammenarbeit, den Informationsfluss und die Kommunikation zwischen den Unterabteilungen behandelten. Sie entwickelten konkrete Verbesserungsvorschläge, die von einer Umsetzungsgruppe nach der Veranstaltung verwirklicht wurden.

Interne Kommunikation stärken

Ferner bestand für die Veranstaltung die Hoffnung, dass die Mitarbeiter Fragen und Kritik zum PPS-Verfahren äußern und darüber hinaus Verbesserungsvorschläge erarbeiten würden. Spannend bei diesem Aspekt war, dass die Bezeichnung PPS nicht im Leitthema enthalten war (»Wir entdecken gemeinsam Wege«). Wieso also sollten die Anwesenden dann über das Verfahren reden? Weil es alle täglich betraf, war damals die Antwort der Planungsgruppe, die dieses Leitthema für den Prozess entwickelte. Da das PPS für alle Betroffenen gegenwärtig war, doch mit negativen Assoziationen wie schwierig, komplex, Mehrarbeit und Missverständnis belegt war, sollte es nicht im

Leitthema vorkommen. Es bestand die Befürchtung, dass die Eingeladenen deshalb von der Konferenz fernbleiben könnten. Dass es dennoch Hauptthema der Konferenz sein würde, war allen Planungsgruppenmitgliedern klar.

Intensive und kontroverse Diskussion

Und so führte die Veranstaltung zu einer intensiven und auch kontroversen Diskussion über Sinnhaftigkeit, Durchführung, Verantwortung, Vorteile, Nutzen und Konsequenzen des Verfahrens. Deutlich war zu vernehmen, dass die Mitarbeiter die Einführung von PPS akzeptierten und mit ihrem Einsatz die Implementierung wirklich zum Erfolg bringen wollten. Als Voraussetzungen dazu forderten sie jedoch eine klare, kommunikative und kooperative Führung sowie die gute Kommunikation zwischen den Unterabteilungen.

Gerechtes Handeln gefordert

Während der Veranstaltung ging es beispielsweise auch um das Thema »Gleiche Aufgaben und Verantwortung, ungleiche Vergütung«. Einige Mitarbeiter fühlten sich ihren Kollegen gegenüber schlechter bezahlt. Ihre Vergütungshöhe wurde damals von der Personalabteilung ohne genaue Kenntnisse über deren Tätigkeitsfelder bewertet. Die wachsende Verantwortung der Personen blieb im Verlauf ihrer Unternehmenszugehörigkeit in der Entlohnung unberücksichtigt. In dem Workshop wurde die Aktualisierung von Tätigkeitskatalogen und Lohnangleichungen gefordert. Die Mitglieder einer Umsetzungsgruppe aktualisierten nach der Konferenz diesen Katalog und prüften, ob die Vergütungshöhe der Mitarbeiter wirklich zu gering war. Und tatsächlich, es stellte sich heraus, dass dem so war. Dies führte in der Konsequenz zur Erhöhung des Lohnes.

Ein weiterer Workshop befasste sich mit dem Gerücht, dass die Stadtwerke verkauft werden sollten (»Gerüchte: Verkauf der Stadtwerke im Jahr 2006«). Bisher war allen klar, dass ein Drittel der Gesamtbelegschaft in den nächsten Jahren entlassen werden sollte. Die Gedanken, welche Konsequenzen ein Verkauf haben mochte, verbreiteten Unsicherheit und Angst. Dieser Workshop brachte etwas Klarheit in diese Angelegenheit.

Trauerarbeit und Blick nach vorne

»Führungswechsel in der Abteilung Netzbau« hieß ein weiterer Workshop eines Mitarbeiters. Es betraf das unerwartete Ausscheiden der Abteilungsspitze. Dieser Vorgesetzte stand für Kommunikation und Fortschritt und hatte sich das Vertrauen seiner Mitarbeiter erworben. Für diese war sein Gehen eine große Überraschung und auch eine Enttäuschung. Da fast alle Anwesenden dieser Abteilung angehörten, war es nicht überraschend, dass die Teilnehmenden dieses Workshops den Raum zum Bersten brachten. Alle sammelten sich um den ausscheidenden Abteilungsleiter, klärten offene Fragen, nahmen Abschied und eröffneten für sich gleichzeitig neue Perspektiven.

Umsetzung der Ergebnisse fördern

Um die Umsetzung für alle Interessierten in der Abteilung und im Unternehmen transparent zu machen, bildeten einige Mitglieder der Planungsgruppe eine Informationssammelstelle. Dort wusste man immer, welche Gruppen zu welchen Themen tagten und welche Ergebnisse sie hervorbrachten. Eingegangene Informationen wurden durch Informationsmaterial, die Unternehmenszeitung, mehrere Aushänge und durch gezieltes Ansprechen der Unterabteilungsleiter gestreut. Diese Unterabteilungsleiter wiederum waren die Schnittstelle zwischen der Informationssammelstelle, den Umsetzungsgruppen und anderen Teams. Sie waren die internen Informationslieferanten. Auf allen Besprechungen sollten sie über den Verlauf der Umsetzung berichten. Wollte eine Gruppe ein Ergebnis veröffentlichen, lief dies über den Unterabteilungsleiter an die Informationssammelstelle. Die Planungsgruppe entschied sich bewusst für den letzgenannten Schritt, um die Unterabteilungsleiter stärker einzubinden, auch auf die Gefahr hin, dass die Ergebnisse einer potenziellen Zensur unterstellt würden.

Informationsfluss

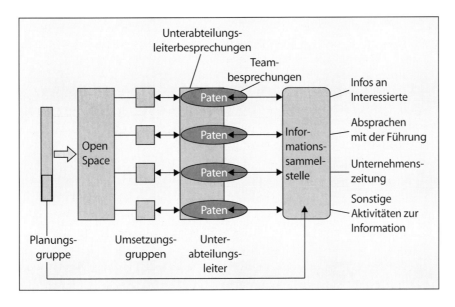

Arbeitsstruktur

Da die Arbeitsgruppen die Ergebnisse eigenverantwortlich, ohne Moderation oder Beratung umsetzen mussten – dafür war kein Beratungsmandat vergeben worden –, erhielten sie zumindest Hinweise für ihre Arbeitsweise. So wurden sie schriftlich gebeten, einen Gruppenverantwortlichen zu benennen, der sich um die organisatorischen Belange dieser Gruppe kümmerte. Ferner erhielten sie eine Liste von Punkten, die sie bei der Umsetzung berücksichtigen könnten, wie zum Beispiel, dass sie ein klares Ziel für diese Gruppe formulieren, einen Maßnahmenkatalog anfertigen sowie Prioritäten und Zeiten setzen sollten. Darüber hinaus sollte jede Gruppe einen Paten – Unterabteilungsleiter – wählen. Diese Paten sollten für die Umsetzung von Ergebnissen schnelle Entscheidungen treffen und die dafür notwendigen Ressourcen zur Verfügung stellen. Während der Umsetzung erhielten die Gruppen ausreichend Zeit für die Zusammenarbeit.

Folgeveranstaltung   Für einige Wochen nach der Veranstaltung wurde eine Folgeveranstaltung geplant. Hier sollte das Erreichte für alle Interessierten präsentiert werden. Die Führungskräfte der Abteilung sollten teilnehmen, um weitere Entscheidungen zu treffen. Gruppen sollten neu koordiniert werden und neue Arbeitskreise die Möglichkeit haben, sich zu bilden.

Was ist daraus geworden

Durch diese Veranstaltung wurde ein großer Schritt zur erfolgreichen Implementierung des Prozess-Planungs-Steuerungsverfahrens getan. Mittlerweile, im Jahr 2001, ist das Verfahren im gesamten Unternehmen eingeführt und jeder konnte von den Erfahrungen in der Abteilung Netzbau profitieren. Es ist eine Kommunikationskultur entstanden, die es den Mitarbeitern bis heute erlaubt, bei Bedarf Besprechungen einzuberufen, unabhängig von ihrer Funktion und Position.

Es ist zwar sehr viel umgesetzt worden, doch gab es auch Grenzen, wie das Beispiel eigenständiger Dienstleister gezeigt hat. Auch als eine Gruppe versuchte, das unternehmensweite Vorschlagswesen zu verbessern, wurden Grenzen sichtbar. Darüber hinaus wurden weitere auf der Veranstaltung gebildete Umsetzungsgruppen (sechs) nicht weiterverfolgt. Nachdem die ersten sechs Themen realisiert waren, fielen die restlichen unter den Tisch.

Obwohl auf der Veranstaltung so viel Positives erreicht wurde, hat das anfangs erwähnte Gespräch gezeigt, dass der Erfolg nicht dauerhaft spürbar bleibt. Bereits nach zwei Jahren verblassten die Erfolge. Meines Erachtens kann der Grund hierfür darin gesehen werden, dass die geplante Folgeveranstaltung aufgrund eines Großauftrages und dem damit verbundenen hohen Personaleinsatz abgesagt wurde. Denn dadurch fehlte die »Auffrischung« der Ergebnisse und Motivation. Ferner glaube ich, dass es sich nachteilig auf die positive Wahrnehmung der Mitarbeiter der Abteilung Netzbau ausgewirkt hat, dass ihrem Wunsch nach weiteren Open-Space-Veranstaltungen nicht nachgegangen wurde.

Auf jeden Fall hat die Konferenz gezeigt, dass die Stadtwerke Hannover AG kompetente und verantwortungsbewusste Mitarbeiter hat, die unternehmerisch denken und handeln und sich für ihr Unternehmen einsetzen wollen. Es empfiehlt sich daher, dieses Wissen und diese Kompetenz weiterhin für die Entwicklung des Unternehmens zu nutzen und den Mitarbeitenden immer wieder die Möglichkeit zu bieten, sich am Unternehmensgeschehen eigenverantwortlich zu beteiligen. Beide Seiten, die Führung ebenso die Belegschaft, würden davon profitieren. Dies zeigt die Rückschau auf die Konferenz von 1999 deutlich.

Arnulf Greimel

Wie weit tragen die Füße?

Open Space am Beginn eines Fusionsprozesses

Titel der Veranstaltung: »Start-Workshop: Unser neues Haus gewinnt seine Gestalt«	
Auftragnehmer:	Arnulf Greimel, pro - Entwicklungsprozesse gestalten
Beauftragende Organisation:	Drei konfessionelle Krankenhäuser einer süddeutschen Großstadt mit insgesamt über 1.000 Mitarbeitern
Branche:	Bildung/Gesundheitswesen
Anlass:	Start eines Organisationsentwicklungsprozesses zur Fusion dreier Fachschulen für Pflegeberufe zu einem integrierten »Bildungszentrum«
Ziel:	Den Startpunkt des Fusionsprozesses markieren, Vorbehalte und Befürchtungen thematisieren, eine gemeinsame Perspektive und Zielvorstellung entwickeln
Dauer:	2 Tage
Teilnehmerzahl:	Ungefähr 30 Personen
Teilnehmerkreis:	Alle Lehrerinnen der betroffenen Schulen, Pflegeleitungen und Verwaltungschefs, Vertreterinnen der Schwesternschaften und der Seelsorger sowie das Leitungsteam des Fusionsprozesses

Worum geht es?

Open Space als Auftakt eines Organisationsentwicklungsprozesses

Unsere Open-Space-Konferenz steht im Kontext eines länger dauernden Organisationsentwicklungsprozesses. Welche Rolle kann sie spielen, speziell in der Startphase dieses Prozesses? Welche Chancen und Risiken sind mit einer Open-Space-Konferenz verbunden? Welche Wirkungen und Nebenwirkungen der Konferenz auf den Gesamtprozess sind aus der Rückbetrachtung zu verzeichnen? Das sind die Fragen, um die es im folgenden Bericht geht.

Wenn sich Hoffnungen und Zweifel gegenüberstehen

Im Herbst 1999 erhielt ich von Vertretern dreier evangelischer Krankenhäuser den Auftrag, als externer Organisationsberater die Zusammenführung ihrer Fachschulen für Pflegeberufe in einer süddeutschen Großstadt zu begleiten. Ziel des Prozesses war es, im Verlauf von etwa 1½ Jahren ein gemeinsames, christlich-diakonisch geprägtes Bildungszentrum ganz eigener Prägung entstehen zu lassen. Dieses Zentrum sollte mehr als nur einen Querschnitt der bisherigen Schulen darstellen: Eine für die Pflege insgesamt richtungsweisende Neukonzeption sollte an einem neuen, zentralen Standort verwirklicht werden. Ein förmlicher Fusionsbeschluss war noch nicht gefasst!

Richtungsweisendes Bildungszentrum

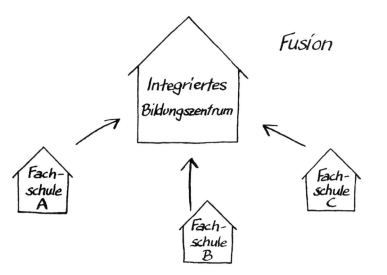

Fusion der drei Fachschulen

Die Idee eines gemeinsamen Hauses, getragen von Krankenhäusern unterschiedlicher Geschichte, Größe und Kultur, hatte bei den Betroffenen sehr vielfältige, zum Teil durchaus zwiespältige Reaktionen ausgelöst. Einerseits erschien es faszinierend und herausfordernd, an dieser Entwicklung beteiligt zu sein. Träume, Ideen und Vorstellungen entstanden und gewannen an Anziehungskraft. Andererseits stand das Vertraute, in langen Jahren Erarbeitete plötzlich zur Disposition. Die »Kleinen« befürchteten, sich an die »Großen« anpassen zu müssen und ihre Identität zu verlieren. Die »Großen« erkannten, dass sie ihre Autonomie teilen und sich den Erfahrungen anderer würden öffnen müssen. Und jeder Einzelne fragte sich natürlich, wo und mit welcher Rolle und Verantwortung er oder sie sich denn in der Zukunft finden würde, was es zu gewinnen und zu verlieren gäbe in diesem Prozess.

Die Vielzahl der Aufgaben, Problemstellungen und Fragen ließen in dieser Startphase Zweifel und Vorbehalte wachsen, Träume und Ideen gerieten weiter in den Hintergrund. So entstand bei den Betroffenen ein großes Bedürfnis nach Klarheit und persönlicher Aussprache. Voraussetzungen dafür, dass eine Aufbruchstimmung und gemeinsame Perspektive entstehen konnte.

Den Raum für etwas Neues eröffnen: innen und außen

Als tragende Struktur des Fusionsprozesses hatte sich eine Projektgruppe aus den Schulleitungen und dem Berater gebildet. Sie wurde durch einen paritätisch besetzten Lenkungsausschuss beauftragt und begleitet. Zwischen diesen beiden Gremien wurde ein Ablaufplan (Prozessdesign) für die Fusion verein-

Prozessdesign

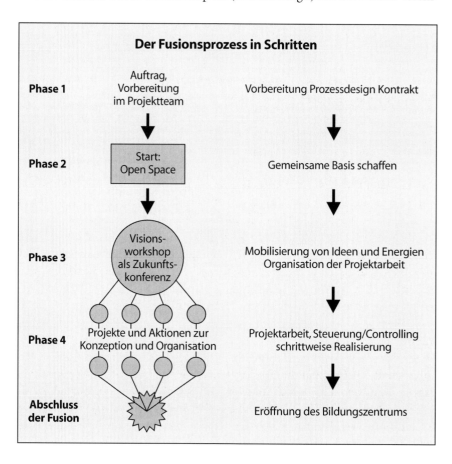

bart, der als Rückgrat des Prozesses wirken und für Transparenz sorgen sollte. Um Raum für alle bewegenden Themen und Fragen der betroffenen Menschen zu schaffen und eine Öffnung von Person und Organisation gegenüber dem Neuen zu ermöglichen, entschied sich die Projektgruppe unter meiner Beratung für einen Startworkshop in Form einer Open-Space-Konferenz, die im Februar 1999 stattfand. Sie eröffnete die Chance, die unterschiedlichen am Prozess beteiligten Rollenträger und Berufsgruppen (Lehrkräfte, Pflegeleitungen und Schwesternschaften, Verwaltungsleiter und Seelsorger) miteinander in Kontakt und ins Gespräch zu bringen. Es war wichtig, dass niemand sich als »Gegenstand« oder gar Opfer der Entwicklung sah, sondern dass jeder sich als Mitbegründer und verantwortlicher Akteur des Prozesses erleben konnte. Diese Partnerschaft ist in der Alltagsbeziehung zwischen Vertretern der Pflegeberufe und der Klinikleitungen nicht ganz selbstverständlich.

Alle sind Mitbegründer und Akteure des Prozesses

Ende März 1999, also ein Monat nach der Konferenz, war eine *Zukunftskonferenz* vorgesehen. An dieser sollten nun auch die Schülerinnen und Schüler der drei Fachschulen sowie Akteure von externen Kooperationspartnern teilnehmen, um eine gemeinsam getragene Vision des Bildungszentrums zu entwickeln und Teilprojekte zur Konzeption und Realisierung des neuen Bildungszentrums zu starten.

Die Vorbereitung der Konferenz

Die Vorbereitung der Veranstaltung war Aufgabe der oben genannten Projektgruppe, die sich dabei eng mit dem Lenkungsausschuss abstimmte. Im Vorfeld war es auch wichtig, Stimmungen und Eindrücke aus den einzelnen Schulteams aufzunehmen, in denen sich die für Fusionen charakteristischen Hoffnungen und Ängste der Beteiligten sehr deutlich widerspiegelten. Die Ausläufer dieser Stimmungen waren bis in die Projektgruppe hinein deutlich spürbar.

Die Vorüberlegungen

Die Vielfalt der Gedanken, Meinungen und Gefühle in Bezug auf die bevorstehende Fusion sollte auf der Konferenz Raum haben, sich zu entfalten. Es war uns wichtig, für die Teilnehmer eine Möglichkeit zu schaffen, um Anliegen zu klären. Wir wollten für alle Beteiligten den gleichen Informationsstand schaffen und den Kontakt und das gegenseitige Verständnis untereinander

Aufbruchstimmung erzeugen

stärken. So könnte – so war unsere Überlegung – eine von Aufbruchstimmung getragene gemeinsame Zukunftsperspektive entstehen.

Wie also lassen sich klare Struktur und Information mit möglichst großer Selbststeuerung verbinden? Wie können wir einen öffentlichen und dennoch intimen Rahmen schaffen für Ängste, Zweifel und Befürchtungen? Wie erreichen wir, dass die Vertreter verschiedener Hierarchien mitwirken und für die Betroffenen greifbar sind, den Prozess aber nicht dominieren? Wie können die Beteiligten ihre Unsicherheiten, Zweifel und Vorbehalte hinter sich lassen und zu ersten Schritten in Richtung Zukunft gelangen? Wie kann ein vertrauensvolles und gleichzeitig zielorientiertes Miteinander geschehen? Das waren die Leitfragen, die zum Design der Open-Space-Konferenz führten.

Das Open-Space-Design

An gelebte Kulturen anknüpfen

Die gemeinsame christlich-diakonische Orientierung aller Beteiligten und eine in allen Häusern entwickelte Kooperationskultur ließ uns darauf vertrauen, dass Open Space jenseits von hierarchischen Unterschieden und gelebten berufsgruppenspezifischen Wertigkeiten einen gleichberechtigten und weitgehend offenen Dialog schaffen könnte. Es war uns allerdings wichtig, dass die Rollen und Verantwortlichkeiten der Beteiligten sichtbar blieben. Denn Open Space sollte ja kein isolierter »*Event*« sein, sondern nachhaltige Wirkung auf die Alltagsbeziehungen der Beteiligten haben: wachsende Gemeinsamkeit zwischen den Schulteams, größere Partnerschaftlichkeit zwischen Pädagogen und Management, also insgesamt ein besseres Verständnis untereinander.

Der Leitgedanke des Designs hieß also: An der gelebten Kultur anknüpfen und aus der gemeinsamen Open-Space-Erfahrung Anstöße zu Veränderungen entwickeln, die das Miteinander und die Verantwortlichkeit in dem entstehenden neuen Gebilde im weiteren Verlauf prägen sollen. Das Open-Space-Design sollte also gleichsam wie ein Spiegel die »alte« Kultur sichtbar und erfahrbar machen und doch schon über sie hinausführen zu einer offeneren, direkteren Form des Umgangs.

Es war mir wichtig, die Konferenz zu Beginn in den Kontext der gesamten Fusion zu stellen und die Bedeutung des Open Space als wichtige Station des Gesamtprozesses transparent zu machen.

1. Tag

- Begrüßung
- Einführung
- Bericht über die Stationen der Fusion und Klärung von Fragen dazu
- Erste Open-Space-Runde
- Abendnachrichten

2. Tag

- Morgennachrichten
- Zweite Open-Space-Runde
- Dritte Open-Space-Runde
- Infomarkt
- Schlussreflexion und Abschlussrunde

Wohin die Füße tragen können ...

Vor Beginn hatte es im Vorbereitungsteam Zweifel gegeben, ob die Beteiligten denn wirklich aus einer abwartenden Haltung herauskommen und die Initiative für sich und ihre Themen und Fragen ergreifen würden. Meine positive Open-Space-Erfahrung bestätigte sich nach den einführenden Schritten sehr schnell auch hier: Das Vertrauen, dass jeder Teilnehmende aus der Verantwortung für sich selbst und für den gemeinsamen Prozess heraus fühlt und handelt, trug Früchte.

Bei der Entwicklung des Veranstaltungsprogramms wurden viele bewegende Themen der Fusion in Offenheit in den Prozess eingebracht: Bedrängende Befürchtungen und dringende Interessen, ungeklärte personelle und konzeptionelle Fragen, Themen zum Sinn- und Wertehintergrund der Fusion und des entstehenden Bildungszentrums wurden nacheinander benannt. Später, in den Abendnachrichten, kam auch ein Thema zur Sprache, das »heiß« war und den bisherigen Fusionsprozess untergründig nachhaltig beeinflusst hatte: »*Wie kommen wir von drei erfahrenen, anerkannten Schulleitungen zu einer einheitlichen Leitung des Bildungszentrums?*«

Endlich geht es ans Eingemachte

Im Verlauf der Veranstaltung stellte sich heraus, dass es nur wenige »Hummeln« und »Schmetterlinge« gab. Die Dichte und Dynamik der Arbeit in den Kleingruppen hielt die Menschen dort fest. Vielleicht war auch der Zeitrahmen (nur 1¼ Stunden in der ersten Runde) für eine intensivere Fluktuation etwas zu eng definiert. Bei den Abendnachrichten fand der Wunsch einiger Teilnehmer nach einer intensiven gegenseitigen Information viel Resonanz. Unsere Antwort war ein *Infomarkt,* bei dem sich jeder Teilnehmende an Marktständen der einzelnen Workshops im direkten Frage-Antwort-Spiel mit einem Vertreter der Workshops informieren konnte.

Offener und ehrlicher Umgang miteinander

In den Arbeitsgruppen entstand schnell eine Atmosphäre dichten und persönlichen Dialogs zwischen den Menschen aus unterschiedlichen Kulturen, Hierarchiestufen und Aufgaben. Klare Vorstellungen, aber auch Vorbehalte und Befürchtungen wurden offen benannt, fanden Akzeptanz und Antworten. Später in der Schlussreflexion wurde deutlich, wie wichtig es war, sich gegenseitig zunächst bei der Arbeit an den persönlichen Anliegen kennen zu lernen. Fast alle hatten Verständnis füreinander und stimmten neuen Rahmenbedingungen und Grundelementen des neuen Bildungszentrums zu, wie zum Beispiel die räumliche Zusammenführung in einem Haus, einheitliche Geschäftsführung und Schulleitung, diakonische Ausrichtung und eine neue, gemeinsam erarbeitete Konzeption. Es entstand ein verbindendes und überwiegend hoffnungsvolles Gefühl, ohne in eine unrealistische Euphorie zu münden. Viele Befürchtungen verminderten oder verflüchtigten sich mit dem Aussprechen und Klären. Andere wurden als dringliche Fragen registriert und notiert. Allen Beteiligten wurde die Komplexität des vor ihnen liegenden Prozesses bewusst.

Dass sich Verwaltungsleute, Theologen, Pflegekräfte, Manager und Mitarbeiter im kleinen Kreis gefunden hatten, war für alle eine wichtige Erfahrung. Unterschiedliche Sichten und Bewertungen wurden deutlicher, das gegenseitige Verständnis und gemeinsame Problembewusstsein konnte sich vertiefen. Nicht ohne Wirkung blieb allerdings, dass die Verwaltungschefs als einzige Gruppe zum Teil wegen anderer Termine abwesend waren. Dies wurde als Sonderstatus gedeutet, und mancher hätte sich gewünscht, dass die Chefs ihre Prioritäten zugunsten des Bildungszentrums gesetzt hätten.

Die »unten« schauen nach »oben«

Diese Sonderrolle wurde in der dritten Runde plötzlich sehr deutlich, als die Verwaltungschefs wieder präsent (aber nicht vollzählig) waren. Nahezu alle Teilnehmer arbeiteten mit ihnen zum Thema »*Rechtlich-organisatorische Rahmenbedingungen des Bildungszentrums*«. Was als große Gruppe begann, entwickelte sich nun zu einer Befragung der Verwaltungsleiter durch Lehrerinnen und Lehrer. Das »Gesetz der zwei Füße« hatte sich mit Macht seinen

Weg aus der Open-Space-Kultur in die Alltagskultur gesucht: Anstelle gemeinsamer Verantwortung und Lösungssuche wurden Fragen von »unten« nach »oben« getragen, wo sie beantwortet bzw. entschieden wurden. Die Art, in der dies geschah, spiegelte die althergebrachten Verhältnisse von oben und unten deutlich wieder. Aus dieser erlebten Alltagserfahrung der Hierarchie gründete sich am Rande der Veranstaltung eine Interessengruppe der Lehrkräfte, die im weiteren Verlauf des Fusionsprozesses noch eine wichtige Rolle spielen sollte.

Der anschließende Infomarkt führte die Köpfe und Füße wieder heraus aus dieser Dualität in die Vielfalt der Begegnungen, Erfahrungen und Ergebnisse des Open-Space-Prozesses und dann zur Schlussreflexion und zum Abschied.

Kein Kultursprung – aber eine Brücke in die Zukunft

Die Schlussreflexion machte Folgendes deutlich: Die angestrebten Ziele wurden erreicht. Ängste und Zweifel waren offen geäußert, ernst genommen und vielfach entkräftet worden. In der gewählten offenen Form konnten sich ein Wir-Gefühl und gemeinsame Perspektiven entwickeln, verbunden mit hohem Problembewusstsein und ohne zu große Euphorie. Eine Vielzahl von weiterführenden Ideen und Gedanken zum Fusionsprozess war entstanden. Sie wurden in der Dokumentation festgehalten. Sie gingen in die Arbeit der Projektgruppe ein und wurden einige Wochen später durch die beteiligten Menschen in die Zukunftskonferenz eingebracht. Auftraggeber und Projektgruppe sahen sich durch das Engagement und den wachsenden Tatendrang aller Beteiligten unterstützt und gestärkt. »Die Brücke in die Zukunft ist gebaut! Also los! Gehen wir gemeinsam weiter!«

Trotz großer Annäherung der betroffenen Personen waren Spannungen und Verwerfungen im Kultur- und Hierarchiegefüge der beteiligten Organisationen damit aber keineswegs aufgehoben. Die Erfahrung im weiteren Verlauf zeigte, dass im Kontext von Organisationsentwicklungsprozessen die Diskrepanzen zwischen der gelebten Kultur der Organisationen und den Werten von Gleichheit, Freiheit und Selbstverantwortung in Open Space nicht leicht zu handhaben sind. Wir müssen dafür Sorge tragen, dass diese Diskrepanzen bewusst wahrgenommen und thematisiert werden. Dieser Punkt braucht über die Open-Space-Konferenz hinaus Anstöße und Aufmerksamkeit von allen Seiten, um schrittweise zu nachhaltigen Kultur- und Verhaltensveränderungen zu führen.

Trotz Annäherung noch Spannungen

Der Start-Workshop hat seine Rolle als tragendes Element des Fusionsprozesses erfüllt. Die Entscheidung war gut, in dieser Phase anstelle der Arbeit an Sachfragen auf die Energie und Integrationswirkung von Open Space zu setzen. Die offene, auf Engagement und Selbststeuerung setzende Methode hat für die Fusion mit all ihren Konfliktquellen und Unwägbarkeiten bei den direkt betroffenen Mitarbeitern und Entscheidungsgremien der beteiligten Krankenhäuser eine gute Grundlage zur gemeinsamen Arbeit geschaffen.

Michael Stiefel

Berliner Bürger entwickeln Handlungsvorschläge für ihr Quartier

Titel der Veranstaltung: »Leben im Boxhagener Kiez«	
Auftragnehmer:	Michael Stiefel, Kairos Consult
Beauftragende Organisation:	Senatsverwaltung für Stadtentwicklung
Branche:	Bürgerbeteiligung
Anlass:	Beteiligung von Bürgern an der Entwicklung eines Handlungskonzeptes für das Quartiersmanagementgebiet Boxhagener Platz in Berlin-Friedrichshain
Ziel:	Erstellung eines Handlungskataloges mit vordringlichen Aufgaben und Anregung zur Mitgestaltung des eigenen Stadtviertels
Dauer:	2 Tage
Teilnehmerzahl:	56 Personen
Teilnehmerkreis:	Nach einem Zufallsverfahren eingeladene Bewohnerinnen und Bewohner sowie Gewerbetreibende aus dem Wohngebiet um den Boxhagener Platz

Start des Quartiersmanagements: Verbesserung der Lebenssituation

Am Boxhagener Platz, einem dicht besiedelten, gründerzeitlichen Altbaugebiet mit einigen Plattenbauten entlang der Frankfurter Allee im früheren Ostteil von Berlin, richtete die Senatsverwaltung für Stadtentwicklung im Juni 1999 ein Quartiersmanagement ein. Diesem wurde die Aufgabe übertragen, aus dem Stadtteil heraus sichtbare Aktivitäten zu entwickeln, welche zu Verbesserungen in der gesamten Lebenssituation der Bewohner führen sollten. Angestrebt wurde zum Beispiel ein attraktives und sauberes Wohnumfeld zu gestalten, neue Erwerbschancen für arbeitslose Bewohner zu finden oder die Schulen und Kindereinrichtungen in die Stadtteilentwicklung einzubeziehen.

Identifikation mit dem Kiez

Man erhoffte sich dadurch eine stärkere Identifikation mit dem eigenen Kiez, welche zur Stabilisierung der Bewohnerschaft beitragen und unter anderem den Wegzug von Familien in das Umland abmildern sollte.

Gegensätzliche Interessen

Vor diesem Hintergrund startete das Quartiersmanagement-Team im Sommer 1999 zunächst mit einer aktivierenden Befragung. Als charakteristisch stellte sich dabei die durch die Umzugsbewegungen nach dem Fall der Mauer entstandene Polarisierung unterschiedlicher Bewohnergruppen und Lebensstile heraus. Neben alteingesessenen Arbeiterhaushalten, in denen viele im Zuge des wendebedingten Abbaus großer Industriebetriebe den Arbeitsplatz verloren hatten, gesellten sich zunächst Hausbesetzergruppen und neuerdings mehr und mehr Studentenhaushalte. Diese Befragung ergab eine Vielzahl von ebenso interessanten wie gegensätzlichen Ideen zur Entwicklung des Gebietes. Jeder hatte eine andere Meinung, was vorrangig zu tun sei, um den Stadtteil positiv zu entwickeln und welche Erwartungen das Quartiersmanagement zu erfüllen habe. Die einen wünschten, dass damit »buthaarige Trinker« von den Stadtplätzen verschwänden, während andere meinten, es würde nun dafür gesorgt, dass dieses Wohngebiet von den »Yuppies und westdeutschen Immobilienhaien« verschont bliebe.

Aus dieser Situation heraus entstand der Gedanke, gemeinsam mit den verschiedenen Beteiligten in einem Bürgerforum nach Wegen und Perspektiven für den Stadtteil zu suchen. Es musste aber noch eine Form gefunden werden, die den Dialog untereinander förderte und gleichwohl den Beteiligten besonders große Chancen einräumte, ihre eigenen Themen und Vorstellungen in das Verfahren einzubringen. Genau diese Anforderungen erfüllte Open Space am besten. Denn mit dieser Methode können die Teilnehmenden gerade die Themen vertiefen, mit denen sie ein eigenes Anliegen verbinden. Und sie erfahren durch das Engagement der anderen, die Bedeutung des eigenen Themas für eine gemeinsame Lösungssuche. Daher sollte der Dialog über konkrete Handlungsmöglichkeiten im Quartier in Form einer Open-Space-Veranstaltung durchgeführt werden. In der Öffentlichkeit wurde diese Veranstaltung als »Bürgerforum Boxhagener Platz« angekündigt.

Das Bürgerforum: Den Dialog beginnen

Bei dieser Veranstaltung sollten sowohl Vertreter aktiver Interessengruppen zu Wort kommen als auch sonst eher im Hintergrund handelnde Personen. Ein breites Spektrum von Meinungen aus der gesamten Bürgerschaft war gefragt. Zu diesem Zweck wurden per Zufallsverfahren die Personen ausgewählt, die schließlich in persönlichen Gesprächen für die Veranstaltung gewonnen werden sollten.

Einladung per Zufallsverfahren

Nachdem sich die Vorbereitungsgruppe aus Mitarbeitern des Quartiersmanagements und den Moderatoren auf das Verfahrenskonzept verständigt hatte, musste schnellstens die Vorbereitung für die bereits in vier Wochen geplante Open-Space-Veranstaltung (Bürgerforum) beginnen. Ein Einladungsschreiben wurde den ausgewählten Bürgerinnen und Bürgern persönlich übergeben. In manchmal sehr kurzen, oft aber auch langen Gesprächen konnte so über das Ziel der Veranstaltung informiert werden und nebenbei vieles in Erfahrung gebracht werden, was den Menschen auf den Nägeln brannte. Die lokale Presse berichtete zeitgleich über das Ereignis. Mit Plakaten wurden die Angesprochenen zusätzlich daran erinnert, sich auch tatsächlich anzumelden. Schließlich kamen insgesamt 56 Anwohner und Gewerbetreibende. Nach Alter und Berufen spiegelten sie die breite Mischung der Bewohnerschaft wieder.

Aufwendiger Einladungsprozess

»Leben im Boxhagener Kiez«

Gespannt erwartete das Planungsteam an einem Novembersamstag in den bestens vorbereiteten Räumen des Bezirksamtes Friedrichshain die Teilnehmenden. Kurz vor 13 Uhr kamen die ersten neugierig durch die Tür und bereits zehn Minuten später hatten 56 Menschen im großen Stuhlkreis Platz gefunden. Der Vertreter von der Senatsverwaltung für Stadtentwicklung und dem Quartiersmanagement begrüßte die Teilnehmenden ganz offiziell. Er erläuterte, was man sich von einer Bürgerbeteiligung im Open Space erhofft und wie die Ergebnisse weiterverfolgt werden könnten. Die Moderatorin, Bettina Klassen, lud zum gegenseitigen Kennenlernen ein. Die beiden Fragen: »*Weshalb bin ich hier? Was erhoffe ich mir von diesen Tagen?*«, dienten dazu, sich mit der Thematik der Veranstaltung auseinander zu setzen und darüber hinaus ins Gespräch zu kommen. Anschließend erläuterte die Moderatorin die Bewandtnis der leeren Themenwand, die Spielregeln für die Veranstaltung und die Bedeutung von »Schmetterlingen« und »Hummeln«.

Zu Beginn nur wenige Themen

Als zur Themensammlung zum Leitthema »*Leben im Boxhagener Kiez*« eingeladen wurde, brachten einige Bürger schnell Vorschläge ein: Das *ärgerliche Hundeproblem, kaputte Grünanlagen, die Mietenentwicklung, das Knowhow älterer Arbeitsloser* und Ähnliches standen zu Beginn an der Zeit- und Raumtafel. Die Themensammlung wurde insgesamt mit einer relativ geringen Anzahl von Themen beendet, die überwiegend am ersten Tag platziert waren. Es sah so aus als ob sich die Beteiligten noch nicht sicher waren, was sie von dieser Veranstaltung zu erwarten hatten, und offen lassen möchten, ob sie am nächsten Tag wiederkommen.

Zunächst waren die Arbeitsgruppen ziemlich groß. In der ersten Runde teilten sich die Beteiligten auf nur zwei Themen auf und blieben, abgesehen von zwei, drei Personen in der Kaffee-Ecke, auch die ganze Zeit dabei. Im Hintergrund wurde im Vorbereitungsteam diskutiert, ob die Form des Open Space die Teilnehmenden überfordere. »Vielleicht ist für ›normale‹ Menschen ein ›normales‹ Programm doch besser«, hörte man reden. Aber es funktionierte! Von Workshop-Runde zu Workshop-Runde wurden die Arbeitsgruppen kleiner und die Teilnehmenden diskutierten engagierter. Beim Thema

Verhaltener Anfang, intensiver Verlauf

»*Verschmutzung von Fassaden*« ging es sogar heftig zu, da man sich nicht einig wurde, ob Graffiti Kunst oder Schmiererei sei. Dennoch erarbeitete man gemeinsam produktive Vorschläge dazu aus. Mehr und mehr wurde vom »Gesetz der zwei Füße« Gebrauch gemacht, wenn einzelne Teilnehmer wortstark die einzig richtige Lösung für ein Problem verkünden. Als am Ende des ersten Tages um 20 Uhr das Buffet eröffnet wurde, waren einzelne Teilnehmer so intensiv in ihre Themen verstrickt, dass sie schlichtweg die Eröffnung des Büfetts verpassten.

Am folgenden Tag ging es um 10 Uhr weiter. Alle waren wiedergekommen. Sogar »Hausbesetzer-Kai«, der sich am Vortag noch über den frühen Beginn beschwert hatte, war pünktlich zur Stelle. Neue Themen kamen zum

Vorschein. Während sich die meisten Anliegen des Vortags um den Themenkreis *Sauberkeit, Sicherheit und Wohnumfeld* drehten, standen am zweiten Tag mehr *das Zusammenleben, die Kommunikation* und *Ideensuche* im Mittelpunkt. Einige wollten einen Treffpunkt für Jugendliche organisieren, andere Informationen über bezirkliche Planungen und Beteiligungsmöglichkeiten besser im Kiez verbreiten. Aktionen gegen Rechtsextremismus wurden geplant und Überlegungen angestellt, wie man eine gemeinsame Vision für das Quartier entwickeln könnte. In zwei weiteren Workshop-Runden wurden diese neuen Anliegen vertieft und teilweise detaillierte Handlungspläne geschmiedet.

Themenschwerpunkte	
Der erste Tag	Der zweite Tag
❖ Sauberkeit	❖ Zusammenleben
❖ Sicherheit	❖ Kommunikation
❖ Wohnumfeld	❖ Ideensuche

Am Sonntagnachmittag trafen sich alle Teilnehmer zu den Abschlussnachrichten. Aus den einzelnen Arbeitsgruppen wurden die wichtigsten Handlungsvorschläge benannt. Einige der Teilnehmenden erklärten, dass sie ihre Lösungsideen umsetzen und die politischen Entscheidungsträger als Unterstützer gewinnen wollen. Der Vorschlag einer Teilnehmerin, in einem halben Jahr ein Nachfolgetreffen zu organisieren, bei dem jeder über den Stand der Umsetzung berichten kann, fand breite Zustimmung. Ein anderer Teilnehmer dämpfte den Optimismus und meinte, dass er bereits »sehr zufrieden sei, wenn zehn Prozent der Vorschläge umgesetzt würden«.

Für den Abschluss des Bürgerforums war eine Verlosung von gesponserten Kinokarten und Einkaufsgutscheinen aus dem Kiez vorbereitet. Dies war als kleine Anerkennung für die Beteiligten gedacht, da sie sich zwei Tage Zeit genommen hatten. Während die Verlosung noch lief, war die Ergebnis-Dokumentation fertig geworden und wurde in der Kreismitte aufgebaut. Als jemand aufstand, um sich ein Exemplar zu sichern, war die ganze Verlosung dahin. Fast alle Teilnehmer stürzten in die Mitte. Die Neugier auf die gesammelten eigenen Ergebnisse schien stärker als die Chance, einen Preis zu gewinnen. Erst nachdem alle eine Dokumentation in den Händen hielten, wurden unter allgemeinem Gelächter die Hauptpreise verlost.

Dokumentation wichtiger als Losgewinne

Beschlüsse, Aktionen und das Nachtreffen

Ergebnisse: offizielle Arbeitsgrundlage

Die Ideen und Vorschläge der Open-Space-Veranstaltung sind vom Quartiersmanagement in das Handlungskonzept für das Gebiet eingearbeitet worden. Im März 2000 wurde dieses Handlungskonzept vom Bezirksamt Friedrichshain offiziell als Arbeitsgrundlage für die Quartiersentwicklung verabschiedet. Außerdem haben sich direkt im Anschluss an die Veranstaltung verschiedene Arbeitsgruppen mit der konkreten Umsetzung ihrer Ergebnisse befasst:

❖ Im April 2000 machte die »Arbeitsgruppe Kiezgrün« mit einer Pflanzaktion am Boxhagener Platz auf sich aufmerksam. Unter Beteiligung von weiteren gewonnenen Bewohnern und Bewohnerinnen richteten sie mit 435 Stauden ein von Hunden verwüstetes Pflanzenbeet wieder her und beschlossen beim anschließenden Platz-Picknick, dieses Beet zukünftig in eigener Verantwortung zu pflegen.

❖ Eine weitere Gruppe engagierte sich, um den Informationsfluss im Quartier zu verbessern. Hierzu wurde ein Prototyp eines »Schwarzen Brettes« entwickelt, an dem man mit Steckkarten beispielsweise Interessenten für Freizeitaktivitäten finden oder seine Wohnung untervermieten kann. Obwohl diese Gruppe sich bald auflöste, konnten einige ihrer Ideen durch das Quartiersmanagement aufgegriffen werden, zum Beispiel die Einrichtung einer Mailingliste für den Stadtteil oder Anregungen für die Gestaltung einer Internetpräsentation.

Wieder andere Vorschläge aus der Veranstaltung sprachen sich herum und regten auf diese Weise Initiativen an:

❖ In einer kaum noch genutzten Friedhofskapelle konnte ein Puppentheater seine Spielstätte errichten. Durch eine rührige Gruppe von Schauspielerinnen und Schauspielern, eine aufgeschlossene Kirchengemeinde und akquirierte Fördermittel ist sie für Erwachsene und Kinder mittlerweile zum gern besuchten »OstEndTheater« geworden.

❖ Ein Hauseigentümer konnte für die Idee von Graffitiwänden begeistert werden und will Brandwände nach Zustimmung der Mieter den Jugendlichen aus dem Stadtteil zur Gestaltung zur Verfügung stellen.

❖ Auch die Forderung nach einer Beratung für sanierungsbetroffene Mieter kann seitdem mit regelmäßig stattfindenden Vorort-Beratungsterminen durch das Bezirksamt realisiert werden.

Etwa die Hälfte der am Bürgerforum Beteiligten war zum verabredeten Nachtreffen im Mai 2000 gekommen und berichtete über den Stand der Dinge. In der Bilanz stellte sich heraus, dass eine ganze Menge der Projektideen umgesetzt worden waren oder sich in der Planung befanden. Allerdings wurde auch deutlich, wo Wünsche mit der Realität kollidierten und entsprechend angepasst werden müssen. Der 50-jährige Teilnehmer mit seiner Zehn-Prozent-Prognose konstatierte bei diesem Treffen: »Da habe ich zum Glück deutlich danebengelegen.«

Nicht jeder der damaligen Teilnehmenden ist wirklich aktiv geworden und einige Initiativen wurden nach einem ersten Anlauf aufgegeben. Mancher Beteiligte wohnte nach einem Jahr andernorts. Dennoch haben sich ein paar Bewohner des Quartiers den bestehenden Initiativen angeschlossen oder kommen seitdem regelmäßig im Quartiersbüro vorbei, um über Entwicklungen in der Nachbarschaft zu berichten oder neue Projektideen zu diskutieren. Einer hat kürzlich noch einen neuen Anlauf gewagt und um Unterstützung bei der Einladung von weiteren Bürgern gebeten. Andere tauchen seitdem bei stadtteilbezogenen Veranstaltungen auf, um ihre Interessen zu vertreten.

Das Nachtreffen: sechs Monate später

Tägliche Erfahrung verbindet Im Ergebnis sind wir überzeugt, dass bei allen unterschiedlichen Lebensstilen die verbindende tagtägliche Erfahrung in einem Stadtviertel offensichtlich den tragfähigen Grund für eine engagierte Zusammenarbeit im Open Space bilden kann. Allerdings muss man sich Gedanken über die »Einladung« machen, will man nicht nur den Konsens der Lautstarken und immer schon Engagierten. Vielleicht reicht es aber, wenn man den oftmals verärgert Schweigenden nur deutlicher sagt: »Wer immer kommt, ist die richtige Person.«

Reinhard Frommann

Abschied und Neuanfang

Gekündigte Mitarbeiter des DRK-Berlin im Open Space

Titel der Veranstaltung: »Abschied und Neuanfang«	
Auftragnehmer:	Reinhard Frommann, FutureSearch Team, Unterstützung ganzheitlicher Unternehmensentwicklung
Beauftragende Organisation:	Deutsches Rotes Kreuz, Landesverband Berlin
Branche:	Gesundheitswesen
Anlass:	Kündigung von 300 Mitarbeitern
Ziel:	Abschiedsritual, Verarbeitung der Enttäuschung, Input zur möglichen Perspektive
Dauer:	2 Tage
Teilnehmerzahl:	60 Personen
Teilnehmerkreis:	Teilnehmer aus den verschiedenen Einrichtungen und der Verwaltung des Deutschen Roten Kreuz (DRK), Landesverband Berlin

»Beim Roten Kreuz rollt die Kündigungswelle«

Mit dieser Überschrift wurde am 22. Juni 2000 ein halbseitiger Artikel im Tagesspiegel Berlin unter dem Titel »Sanierungsfall Deutsches Rotes Kreuz« eröffnet. Interviewt wurde der neue Landesgeschäftsführer der als Nachfolger des wegen »Missmanagement« entlassenen Vorgängers angetreten war, um den Landesverband zu sanieren. »*Die Verluste, die das Rote Kreuz seit 1997 erwirtschaftete, belaufen sich auf 161 Millionen Mark, dazu kommen 37 Millionen Mark Betriebsmittelkredite bei den Hausbanken. Nur mit Krediten war Ende Mai die Auszahlung von Gehältern vorerst gesichert worden.*«

Die Unternehmensberatung Ernst & Young hatte ein Sanierungskonzept verordnet, das vor allem die Mitarbeiter betraf. Da 80 Prozent der Kosten im

Personalbereich lagen, war die Konsequenz, dass Angestellte mit kurzem Kündigungsschutz gehen mussten. Andere bekamen eine Abfindung oder ihnen wurde eine Weiterbildung angeboten. Letzeres wurde von einer Qualifizierungsgesellschaft übernommen. Für den Sozialplan wurden zehn Millionen DM zur Verfügung gestellt. Entlassen wurden Sekretärinnen, Juristen, Qualitätskontrolleure, Revisionsbuchhalter, Hausmeister, Mitarbeiter im Rechnungswesen und der EDV-Organisation. Bei Kindertagesstätten, Behinderteneinrichtungen und Altenheimen sollte dagegen an der Spitze gespart werden: Mehrere Einrichtungen wurden unter eine gemeinsame Leitung gestellt.

Betroffene zu Beteiligten machen

Die angesprochenen Maßnahmen betrafen den Landesverband des DRK mit seinem Hauptsitz in Berlin-Friedenau, der folgende Leistungen anbietet: Behinderteneinrichtungen, Beratungsstellen, Berufsbildungswerk, Flüchtlingshilfen, Gesundheitsförderung, Kindertagesstätten, Krankenhäuser, Seniorenheime, Sozialstationen, Ausbildung, Einsatzdienste, Fahrbarer Mittagstisch, Jugendrotkreuz, Katastrophenschutz, Landesnachforschungsdienst, Rettungsdienst, Wasserrettung sowie Interne Dienste.

Die Idee zu einer Veranstaltung für die gekündigten Mitarbeiter wurde im Juni 2000 bei einem Seminar der Paritätischen Akademie Berlin geboren. Ich hatte dort unter dem Thema »Schneller Wandel mit großen Gruppen« die Open-Space-Methode vorgestellt. Bei der Diskussion um Möglichkeiten der Methode meldeten sich die beiden anwesenden Personalentwicklerinnen vom DRK und erzählten von den anstehenden Kündigungen in der Landesgeschäftsstelle. Nach einer längeren inhaltlichen Diskussion wurde beschlossen, eine Open-Space-Veranstaltung einzuberufen. Einladende sollte eine Gruppe sein, die sich aus gekündigten Personen zusammensetzte: »Gruppe der Betroffenen«. Diese Konstruktion verhinderte eine Parteinahme von Seiten der Geschäftsleitung oder des Betriebsrats. Damit wurden die gesetzlichen Abläufe einer solchen Kündigungsmaßnahme, wie zum Beispiel die laufenden Verhandlungen zwischen Betriebsrat und Geschäftsführung, nicht behindert.

Die »Gruppe der Betroffenen« wird aktiv

Uns war klar, dass die geplante Veranstaltung zu einem sehr späten, vielleicht sogar zu späten Zeitpunkt des Entlassungsprozesses kam. Eine langfristige und aktive Zukunftssicherung war gefordert unter anderem durch mehr Kundennähe, Steigerung der Effizienz, bessere Qualität der Dienstleistungen und der Dienstleistungsprozesse, verbessertes Kostenmanagement, schnellere Entscheidungsabläufe. Die Einbeziehung der Mitarbeiter und deren Erfahrungswissen zu einem früheren Zeitpunkt hätte vielleicht dazu geführt, dass die von der Kündigung gefährdeten Mitarbeiter neue Dienstleistungen entwickelt hätten, die sie zusätzlich zum ursprünglichen Angebot des DRK auf dem Markt hätten anbieten können.

Die »Gruppe der Betroffenen« bereitet das Open Space vor

Durch die beiden Personalentwicklerinnen wurde Ende Juni 2000 ein Treffen von gekündigten Mitarbeitern vorbereitet, die unter dem Namen »Gruppe der Betroffenen« die inhaltliche Vorbereitung der geplanten Veranstaltung diskutierte. Als Ergebnis wurde der Text erstellt, den Sie auf der nächsten Seite im Kasten lesen können.

Im weiteren Verlauf der Vorbereitung wurde ein Gespräch mit dem Leiter des Bereichs Personalentwicklung in der Landesgeschäftsstelle des DRK geführt. Dabei wurde die Unterstützung der Open-Space-Veranstaltung von Seiten der Geschäftsführung des DRK zugesichert. Mitarbeiter, die dort zwei Tage mitmachen wollten, wurden freigestellt. Die Veranstaltung konnte in den Tagungsräumen der Landesgeschäftsstelle stattfinden. Ferner wurden Getränke zur Verfügung gestellt.

»Abschied und Neuanfang«

Eine Veranstaltung mit der Open-Space-Methode für die gekündigten Mitarbeiter des DRK – Landesverband Berlin

Der DRK Landesverband Berlin kündigt zum 30. Juni 2000 insgesamt 300 Mitarbeitern. Die gesetzlichen Verfahren sind durchgeführt. Für die Mitarbeiter gibt es verschiedene Varianten, wie zum Beispiel im Anschluss des Kündigungstages direkt in eine Beschäftigungsgesellschaft zu wechseln oder nach einer Frist direkt in die Arbeitslosigkeit zu gehen. Was der »Gruppe von Betroffenen« im abgelaufenen Prozess jedoch fehlt ist:

❖ Der würdevolle und respektvolle Abschied als Mitarbeiter des DRKs.
❖ Die »Übriggebliebenen« erleben »nur« die technische Abwicklung. Es bleibt ein schlechtes Gefühl. Damit ist der Neuanfang und die zukünftige Entwicklung des Landesverbands Berlin durch das durchlebte Kündigungsverfahren schwer belastet.
❖ Die Verarbeitung der erlebten Enttäuschung durch eine offene und kritische Auseinandersetzung.
❖ Die Erarbeitung von Bewältigungsmustern in einer Gruppe.
❖ Die breite Information über und Erarbeitung von beruflichen Perspektiven zusammen mit anderen Betroffenen.

Ergebnis der Open-Space-Veranstaltung: Durch den Informationsaustausch der Zielorientierung und Integration aller am Open Space beteiligten Personen wird Energie bei den Einzelnen freigesetzt und eine persönliche Perspektive deutlich.

Informationen zur Arbeitslosigkeit: Durch die Beteiligung von externen Experten aus den verschiedenen Organisationen (SPI Service Gesellschaft, Beschäftigungs- und Qualifizierungsgesellschaft) wird für einen breiten Input an Information gesorgt.

Teilnehmerkreis des Open Space: Gekündigte Mitarbeiter, Betriebsrat, Experten von SPI Service Gesellschaft sowie die Beschäftigungs- und Qualifizierungsgesellschaft.

Ziele und Inhalte des Open Space: Abschiedsritual. Verarbeitung der Enttäuschung über den Arbeitsplatzverlust. Austausch zwischen den Teilnehmern zu möglichen Perspektiven. Was ist zu tun?

Methodik der Veranstaltung: Die Moderation unterstützt alle Teilnehmer und öffnet sie für Eigeninitiative und verantwortliche Beteiligung am Gestaltungsprozess. In Diskussionen und Gruppenarbeit werden die Erfahrungen der Teilnehmer offenkundig und nutzbar gemacht. Open Space ist eine Methode der Transformation in großen Gruppen und hilft Veränderungen anzustoßen. Sie schafft einen offenen Raum für alle Beteiligten, um gemeinsam und kreativ nach neuen Wegen für eine wirksame Strategie zu suchen und eine individuelle Perspektive nach der Entlassung zu finden.

»Abschied und Neuanfang« finden statt und haben Folgen …

Mitte Juli 2000 war es dann so weit: Der Open Space »*Abschied und Neuanfang*« begann. Während der Vorbereitung lagen die geschätzten Teilnehmerprognosen bei acht bis 20 Personen. Diese pessimistischen Aussagen stützten sich auf zwei zentrale Argumente:

❖ Die Mitarbeiter waren auf Grund der Entwicklung und der Kündigung stark gefrustet und nicht mehr willens, sich für etwas zu engagieren.
❖ Es gibt innerhalb der DRK-Kultur keine Erfahrungen mit dieser Art der Veranstaltung.

Probleme, Strategien und Lösungen innerhalb der Organisation wurden beim DRK immer von »oben« nach »unten« angegangen. Mitarbeiter wurden nicht in Prozesse einbezogen. Umso überraschender war, dass an diesen zwei Tagen schließlich 60 Mitarbeiterinnen und Mitarbeiter teilnahmen.

Trotz der bestehenden Kultur von »oben« nach »unten« kamen 60 Personen

Nachdem die Tagesordnung etabliert war, fanden an jedem Tag zwei Workshop-Durchgänge à 120 Minuten mit jeweils sechs parallel laufenden Gruppen statt. Mal saßen acht Teilnehmer zusammen, mal zwölf, mal 20. Manche befanden sich in den Gruppenräumen, andere im Plenumssaal oder in der Lobby.

Gekündigte Mitarbeiter kümmern sich um ihre Zukunft

Manche Gruppen waren nach einer Stunde zu Ende. Andere brauchten die vollen zwei Stunden. Wieder andere verlängerten sogar darüber hinaus. Einige erweiterten oder veränderten ihr Thema, starteten eine neue Runde am zweiten Tag und warben dafür neue Teilnehmer. In den meisten Gruppen moderierte derjenige, der das Thema initiiert hatte. Manchmal überließ er die Moderation jemand anderem. Gelegentlich tauchte aus der Gruppe eine zweite Person auf, die das Thema begeisterte und es vom ursprünglichen Initiator übernahm.

Es konnte beobachtet werden, dass die Teilnehmer während der zwei Tage nach dem Prinzip handelten »alles ist freiwillig, alles ist möglich und jeder arbeitet genau dort mit, wo er will«. Wenn jemand feststellte, dass er in der von ihm gewählten Gruppe keinen Beitrag leisten konnte oder nichts lernte, wechselte er in eine andere Gruppe. Unter anderem beschäftigten sich die Teilnehmer mit folgenden Themen:

❖ Berufliche Perspektive,
❖ Beschäftigungs- und Qualifizierungsgesellschaft (BQG),
❖ Möglichkeiten der Arbeitsvermittlung,
❖ Vorruhestand,
❖ Selbstständigkeit.

Konsequenzen der Open-Space-Veranstaltung

Aus der Sicht der Teilnehmer konnten folgende Resultate festgehalten werden:

Die Situation verarbeiten und in die Zukunft schauen

❖ Am Ende der Veranstaltung wurde als positives Ergebnis die Möglichkeit des Austausches mit anderen Betroffenen hervorgehoben. Es gab ein allgemeines Bedauern darüber, dass eine solche Veranstaltung nicht schon viel früher durchgeführt worden war. Möglicherweise wären seitens der Mitarbeiter Maßnahmen initiiert worden, die die eine oder andere Kündigung hätten verhindern können.

❖ Die Teilnehmer hatten in den ersten drei Stunden emotional Abschied vom DRK genommen. Gedanken, Meinungen und Gefühle zur Situation wurden ausgetauscht.

❖ Nachdem die augenblickliche Situation genügend bearbeitet worden war, fanden die Teilnehmenden einen Zugang zur Zukunft. Sie diskutierten eifrig über ihre möglichen beruflichen Perspektiven. Schon alleine darüber zu sprechen tat ihnen gut, denn sie befanden sich unter Gleichgesinnten.

Auch fanden sich einige Teilnehmer bei dem Gedanken an die Zukunft motiviert und inspiriert. Manche beschlossen noch auf der Veranstaltung, sich bei anderen Einrichtungen ähnlich dem DRK zu bewerben.

❖ Einige der Teilnehmer setzten sich mit dem Thema *Beschäftigungs- und Qualifizierungsgesellschaft (BQG)* auseinander. Nach der Entlassung für eine solche Gesellschaft zu arbeiten war zuvor undenkbar. Doch nun eröffnete sich dies für einige Teilnehmer als Option. Gemeinsam mit einer externen Expertin einer BQG arbeiteten sie eigene Vorurteile und Bedenken, die mit einer Beschäftigung in einer BQG verbunden waren, auf. Sich nun doch auf ein Beschäftigungsverhältnis in einer BQG einzulassen, wurde als besonders positiv für den eigenen Klärungsprozess empfunden.

❖ Die persönliche Erfahrung mit der Open-Space-Methode und der Möglichkeit, eigene Themen einzubringen und die Arbeitsgruppen zu wechseln, hat etliche Teilnehmer angeregt, sich mit einer eigenen beruflichen Selbstständigkeit zu beschäftigten. Sind nicht die im Open Space erlebten Freiheiten und das eigenverantwortliche Handeln Grundlage für eine erfolgreiche Selbstständigkeit? Diese Gruppe, wollte sich auch nach der Veranstaltung weiter treffen, um mögliche Existenzgründungen vorzubereiten.

❖ Ein weiteres Ergebnis des »Abschied und Neuanfang« im Open Space ist die Wirkung der Erzählungen von Teilnehmern bei den ungekündigten Mitarbeitern. Die Botschaft, sich rechtzeitig mit der eigenen Zukunft zu beschäftigen, ist bei diesen Mitarbeitern angekommen. Anfang Oktober 2000 fand auf deren Initiative eine zweitägige Open-Space-Veranstaltung statt, um neue Perspektiven für die zwölf Kindertagesstätten des DRK, Landesverband Berlin mit 250 Mitarbeitenden zu entwickeln.

Ergebnis: Die Betroffenen sind zu Beteiligten geworden.

Marianne Munzel

Berliner Open Space

(Über-)Parteilich für Frauen

Titel der Veranstaltung: Berliner Open Space – (Über-)Parteilich für Frauen.	
Auftragnehmerin:	Marianne Munzel, Munzel Beratung und Schulung
Beauftragende Organisation:	Überparteiliche Fraueninitiative Berlin – Stadt der Frauen e.V. mit ungefähr 40 Mitgliedern, gemeinnütziger Verein politisch engagierter Frauen
Branche:	Politik
Anlass:	Zusammenarbeit von alten und neuen Mitgliedern sowie mit anderen Gruppierungen in der Stadt stärken, neue Aktionsformen zur politischen Willensbildung ausprobieren
Ziel:	Politisch engagierte Frauen aktivieren, Ideen finden und Projekte initiieren für die zukünftige gemeinsame Arbeit, Netzwerke über Parteigrenzen hinweg knüpfen
Dauer:	1 Tag
Teilnehmerzahl:	45 Frauen
Teilnehmerkreis:	Frauen aus Politik, Wirtschaft, Wissenschaft, Medien, Gleichstellungsbeauftragte sowie Journalistinnen

Erster Kontakt

Bereits vor einigen Jahren hörte ich von einem überparteilichen Zusammenschluss von Frauen. Das interessierte mich sehr, da ich zwar politisch engagiert bin, mich aber nie entschließen konnte, einer bestimmten Partei beizutreten. Der direkte Kontakt mit der Überparteilichen Fraueninitiative Berlin entstand, nachdem ich im Sommer 1998 für den EWMD (European Women's Management Development International Network) ein Open Space zum Thema »*Diversity and Integration – Das Ganze ist mehr als die Summe seiner Teile*« moderierte. Eine Teilnehmerin war Mitglied des EWMD und gleichzeitig im Vorstand der Überparteilichen Fraueninitiative. Sie hatte an der Veranstaltung teilgenommen und war überzeugt von der Effektivität dieser Methode. Wir sprachen darüber, welche Möglichkeiten im politischen Bereich eine Open-Space-Veranstaltung eröffnen würde. Es sollte darum gehen, dass Frauen aus unterschiedlichen Parteien Ideen und Projekte für eine gemeinsame Arbeit entwickeln. Dies sollte erstens auf die politische Landschaft wirken und zweitens Frauen über Parteigrenzen hinweg verbinden. Diesen Zielen folgend wurde gut ein Jahr später die Veranstaltung gewidmet.

Überparteiliche Fraueninitiative Berlin – Stadt der Frauen e.V.

Die Auftraggeberin war ein gemeinnütziger Verein politisch engagierter Frauen, im Folgenden mit ÜPFI abgekürzt. Dieser wurde 1992 von Parlamentarierinnen aus allen Fraktionen des Berliner Abgeordnetenhauses gegründet. Inzwischen sind Frauen aus der Landesregierung, aus Wirtschaft und Wissenschaft sowie Medien, Frauenprojekten und Persönlichkeiten des öffentlichen Lebens Mitglieder.

Was alle eint, ist die Überzeugung, dass Frauen eine eigene Sichtweise und Vorstellung vom Leben und Arbeiten sowie von der Gesellschaft haben. Um diese Ideen und Vorstellungen zu verwirklichen, arbeiten diese Frauen überparteilich zusammen. Dieses zukunftsträchtige politische Prinzip ist besonders geeignet, gemeinsame Ziele zu erreichen und weltweite Erneuerungsprozesse zu fördern. Die ÜPFI will für Frauen bessere Lebens- und Arbeitsverhältnisse schaffen und übergreifende Zusammenarbeit lebendig praktizieren.

Kurz gesagt, es geht um den Aufbau eines Netzwerkes von Frauen aus allen Bereichen der Bevölkerung. Bewegende Themen sollen durch Aktionen und Veranstaltungen publik gemacht und damit in die öffentliche Diskussion getragen werden. Seit der Gründung des Vereins haben die Frauen der ÜPFI drei bis vier größere Veranstaltungen pro Jahr durchgeführt. Vom *Verfassungspolitischen Runden Tisch* über *Frauen in der Wissenschaft, Existenzgründungen von Frauen* bis hin zur *Lage von Frauen im Strafvollzug* reichen die Themen. Besondere Beachtung hat der internationale Kongress *Europa – Union der Bürgerinnen* erhalten, der 1998 mit 300 Teilnehmerinnen aus 26 Ländern in Berlin stattfand.

Ein Netzwerk schaffen mit Frauen aus allen Bereichen der Bevölkerung

Da die aktive Kerntruppe nur aus wenigen Frauen besteht, ist es immer wichtig gewesen, weitere Frauen aus anderen Gruppierungen einzubeziehen. Die Open-Space-Veranstaltung sollte Frauen aus den unterschiedlichsten Bereichen des Berliner Stadtlebens aktivieren. Ferner sollte das Vereinsleben mit dieser Aktion durch Ideen der Teilnehmerinnen belebt werden.

Frauen aktivieren

ÜPFI legt los

*Schnell von Open
Space überzeugt*

Im Herbst 1999 konkretisierten sich die Pläne für eine Open-Space-Veranstaltung in der ÜPFI und die Vorstandsmitglieder nahmen mit mir Kontakt auf. Ich wurde bald darauf im Oktober zu einer Sitzung der »Aktiven«-Gruppe eingeladen, das heißt Vorstandsmitglieder und häufig mitarbeitende aktive Mitglieder. Ich stellte den zehn Teilnehmerinnen dieser Gruppe die grundlegenden Ideen von Open Space und die wichtigsten Punkte für eine Durchführung dar. Bald war die Gruppe von den Vorteilen dieser Veranstaltungsform überzeugt, sodass wir noch während der Sitzung die ersten organisatorischen Fragen klären konnten. Die Veranstaltung sollte einen Tag dauern und im Januar oder März des nächsten Jahres stattfinden.

Durch das breit gefächerte Wissen und die Kontakte der verschiedenen Mitglieder war bald ein geeigneter und preisgünstiger Veranstaltungsort gefunden, die Heilig-Kreuz-Kirche in Berlin-Kreuzberg. Der Termin wurde auf den 8. Januar 2000 festgelegt, einen Samstag, damit so viele Frauen wie möglich teilnehmen konnten. Eine kleine Planungsgruppe, bestehend aus den drei Vorständen der ÜPFI, einer Honorarkraft und mir, traf sich mehrmals im November, um alles vorzubereiten.

Anfang Dezember wurden die Einladungen verschickt, kurz und knackig, mit einem Artikel aus der Tagespresse über Open Space, was neugierig machen sollte. Eingeladen wurden Frauen aus allen Parteien, verschiedenen Vereinen, Projekten, Netzwerken, alle Gleichstellungsbeauftragten aus Berlin sowie die in einer Mailingliste bereits vermerkten Frauen aus Berlin und Brandenburg. Bis Ende Dezember 1999 erhielten wir knapp 50 Anmeldungen.

Ein Forum für engagierte Frauen

Am Tag der Veranstaltung trafen sich schließlich 45 Frauen zu dem Thema »*Berliner Open Space – (Über-)Parteilich für Frauen*«. Bei der Themenfindung initiierten die Teilnehmerinnen zehn Arbeitsgruppen, von denen schließlich die folgenden neun durchgeführt wurden.

❖ Migrantinnen in der Frauenbewegung.
❖ Neue Formen des Ehrenamtes.
❖ Delegationsprinzip.
❖ Frauen und Macht.
❖ Was sind weibliche Werte?
❖ Was erwarten Frauen der Stadt von der ÜPFI und umgekehrt?
❖ Welche Rolle kann ein virtuelles Frauennetzwerk spielen?
❖ Angemessene Sichtbarkeit von Frauen in der Öffentlichkeit.
❖ Illegalität (Frauen in der …).

Es war fantastisch zu sehen, wie Politikerinnen, Managerinnen, Journalistinnen, Frauen aus Projekten oder Vereinen über Themen diskutierten, die sie interessierten. Die Mischung der Teilnehmerinnen in den Gruppen war bunt und wechselte ständig. Die gute Zusammenarbeit der Frauen aus den verschiedensten Bereichen des Gesellschaftslebens führte zu einer offenen Kommunikation und guten Atmosphäre, die alle beflügelte. Trotz unterschiedlicher politischer Zugehörigkeit und Wertvorstellungen wurde gemeinsam an Themen gearbeitet, wie Leben und Arbeiten von Frauen in unserer Gesellschaft verbessert werden könnte. Nur zwei oder drei Teilnehmerinnen hatten Probleme, mit der offenen Struktur der Veranstaltung zurechtzukommen.

Gemeinsames Arbeiten trotz Unterschiedlichkeiten

Das Mittagessen wurde im Seminarraum nebenan serviert. Nach dem Essen ließ die Dynamik in den Arbeitsgruppen etwas nach. Eigentlich sollte es drei Workshop-Einheiten geben, in denen die Teilnehmerinnen ihre Themen bearbeiten konnten, jedoch war nach der zweiten Einheit bereits das Wesent-

Verwertung aller Ergebnisse

liche besprochen, sodass wir die dritte ausfallen ließen. Eine Dokumentation mit den Ergebnisprotokollen der Arbeitsgruppen wurde allen am Abend ausgehändigt. Eine Priorisierung der Themen führte ich nicht durch, denn die ÜPFI-Frauen wollten alle erarbeiteten Ideen, geäußerten Wünsche und Erwartungen für die Zukunft verwerten. Zum Abschluss machten wir mit dem Mikrofon eine »Talking Stick«-Runde, in der die positive Stimmung und offene Atmosphäre der Veranstaltung sehr zum Ausdruck kamen.

Umsetzung der Ideen in Projekte

Intensiviertes Netzwerk von politisch engagierten Frauen

Ende März zur Mitgliederversammlung der ÜPFI hatte der Vorstand die Protokolle aufgearbeitet und in Stichpunkten zusammengefasst. Es lagen konkrete Ideen vor, wie Migrantinnen unterstützt werden können, das Image des Ehrenamtes verbessert werden bzw. die Öffentlichkeit von Frauen allgemein oder wie ein virtuelles Frauennetzwerk aufgebaut werden kann. Für die verschiedenen Arbeitsgruppen wurden Verantwortliche und Mitarbeiterinnen gesucht und gefunden. Außerdem waren durch die Veranstaltung neue Mitglieder besser in die Arbeit der ÜPFI integriert und das Netzwerk von politisch engagierten Frauen weiter und intensiver geknüpft worden.

Folgende Arbeitsgruppen waren Ausgangspunkt für konkrete Veranstaltungen bzw. Projekte:

❖ Migrantinnen in der Frauenbewegung.
❖ Illegalität (Frauen in der …).
❖ Frauen und Macht.
❖ Was erwarten Frauen der Stadt von der ÜPFI und umgekehrt?
❖ Welche Rolle kann ein virtuelles Frauennetzwerk spielen?

Weitergeführte Aktionen

Die Arbeitsgruppen »Migrantinnen« und »Illegalität« haben sich aus aktuellem Anlass zum Thema »Kampf gegen Rechtsextremismus – für Zivilcourage und Toleranz« viel vorgenommen:

❖ Ende Januar 2001 sollte mit der »Aktion Rosenstraße« an die mutigen Frauen erinnert werden, die in der NS-Zeit so lange demonstriert haben, bis ihre jüdischen Männer wieder freigelassen wurden.
❖ Ab Spätsommer 2001 wurde dann mit einer Veranstaltungsreihe zum Thema »Was tun wir heute für unsere Minderheiten? – Wie ist heute ihre Lage?« begonnen.

Die Arbeitsgruppe »Frauen und Macht« hat ihre Themen bereits teilweise umgesetzt. Insbesondere die Stichworte »Schaffung eines informellen Kulturraumes«, »Thematisieren von Macht in Frauenzusammenhängen«, »Abhängigkeit von Macht-Vorbildern« wurden wie folgt weiterentwickelt:

- ❖ Intensivierung der engen Kontakte zu den Überparteilichen Frauen im Deutschen Bundestag.
- ❖ Konzeption und Durchführung von Veranstaltungen, wie zum Beispiel die mit dem Deutschen Journalistinnenbund und der ÜPFI Berlin und Bund verantwortete Veranstaltung »Die langen Beine der Gunda R.«, die die Machtzusammenhänge zwischen Medien-Rollenbildern und Macht in der Politik beleuchtet hat.

Zum Thema »Was erwarten Frauen der Stadt von der ÜPFI und umgekehrt?« arbeitete eine Gruppe unermüdlich gemeinsam mit einer Gruppe, die sich dem Thema »*Angemessene Sichtbarkeit von Frauen in der Öffentlichkeit*« gewidmet hatte. Geplant sind Informationsveranstaltungen für Politikerinnen in den Parteien, Gewerkschaften, Bezirksverordnetenversammlungen, bei der über die Möglichkeiten der neuen EU-Förderprogramme informiert werden soll. Ziel der Veranstaltung ist es, dass Frauen diese Programme in ihren Verantwortungsbereichen für Frauen einsetzen können.

Die Gruppe mit der Thematik »Virtuelles Frauennetzwerk« ist inzwischen in eine konkretere Phase eingetreten. Ein Konzept für ein solches virtuelles Netzwerk liegt schon vor. Zurzeit wird geprüft, ob und wie über welche Programme die EU sich an der Finanzierung beteiligen kann.

Von den neun Arbeitsgruppen, die sich in der Open-Space-Veranstaltung gebildet haben, werden fünf fortlaufend umgesetzt und zwei sind in Vorbereitung. Lediglich zwei wurden aus zeitlichen Gründen nicht weiter verfolgt.

Fazit – Empfehlungen

Auf dieser Veranstaltung konnte ich feststellen, wie hervorragend überparteilich und über andere Grenzen des Denkens hinweg zusammengearbeitet werden kann. Die Fraueninitiative ist mit neuen Ideen belebt worden und hat es geschafft, Frauen aus Wirtschaft, Wissenschaft, Kultur und geförderten Vereinen und Projekten in ihre Arbeit mit einzubeziehen.

Diese Art der Arbeit kann als positive Bereicherung der politischen Landschaft gesehen werden. Eine Öffnung der Politik und der Politikerinnen und

Zukunftsweisende Zusammenarbeit in der politischen Landschaft

Politiker gegenüber Bürgerinnen und Bürgern, Wirtschaft und Kultur kann dazu führen, dass die Wünsche der Bürger in der Politik besser berücksichtigt werden. Mehr Bürgernähe und damit Bezug zur Basis der Demokratie schafft eine breitere Akzeptanz zur Durchsetzung von Ideen und Vorhaben. Die Distanz zwischen den Politikern »da oben« und den Bürgern »da unten« würde schrumpfen. Die Bevölkerung fühlte sich einbezogen in die politische Willensbildung und würde auch eher Verantwortung für die Durchsetzung von Vorhaben und Projekten übernehmen. Ich hoffe, dass mehr politisch engagierte Menschen die Open-Space-Veranstaltungsform nutzen und ihre Chancen im politischen Bereich besser kennen- und einsetzen lernen.

Ralph A. Höfliger

Wandel der Unternehmenskultur und Identität durch großflächigen Veränderungsprozess

Titel des Prozesses: »Herausforderung kultiviertes Private Banking«	
Auftragnehmer:	Ralph A. Höfliger, Complex Change AG
Beauftragende Organisation:	Bank Leu (Schweizer Bankinstitut)
Anlass:	Tief greifende Restrukturierung, strategische Neuausrichtung des Kerngeschäfts
Ziel:	Entwicklung und Verankerung einer strategiekonformen Unternehmenskultur (»Kultiviertes Private Banking«)
Prozessdauer:	2,5 Jahre
Teilnehmerzahl:	90–120 für Open-Space-Veranstaltungen, 10–50 für Leadership-Workshops, 10–20 für spezifische Lösungsfindungsworkshops, 20–40 für Soundingboards, 3–8 für Projektarbeit und Prozesssteuerung
Teilnehmerkreis:	Alle Direktionsmitglieder und Mitarbeitenden

Bank Leu

In diesem Beitrag wird anhand eines großflächigen Unternehmenskultur-Veränderungsprozesses aufgezeigt, welche positiv herausragende Rolle Open Space innerhalb eines Gesamtprozesses einnehmen kann. Ort des Geschehens ist die Bank Leu, ein auf Private Banking spezialisiertes Schweizer Bankinstitut, das eine tief greifende Restrukturierung hinter sich hat. Der Kulturveränderungsprozess dauerte etwa 2½ Jahre und betraf die ganze Organisation.

Die Ausgangslage

Die Bank Leu ist die älteste Bank der Schweiz (gegründet 1755). Sie war eine klassische, unabhängige Universalbank bis sie von der Credit Suisse 1990 übernommen wurde. Ende 1997 wurden das Firmen- und Individualkundengeschäft sowie ein Großteil der Geschäftsstellen in die Credit Suisse integriert. Die Bank Leu konzentrierte sich seither hauptsächlich auf das Private Banking für nationale und internationale Kunden.

Diese Neufokussierung bedingte eine umfassende Restrukturierung, in der die Mitarbeiterzahl von etwa 1.200 auf 600 sank und »kein Stein auf dem anderen blieb«. Destabilisierend wirkte zusätzlich der Wechsel vom bis dahin maßgeschneiderten EDV-System auf jenes der Credit Suisse Group. Stabilisierend wirkte in dieser äußerst turbulenten Zeit die lange Tradition der Bank, die ehrwürdigen Räumlichkeiten in bester Züricher Lage und das sehr hohe Niveau der kompetenten Führungskräfte und der selbstständig handelnden Mitarbeitenden.

Ziel, Auftrag, Herausforderungen

Identität kulturell verankern

Das Ziel des Veränderungsprozesses war, eine neue Identität aufzubauen und kulturell zu verankern: ein neues »how to do the business«, neue Routinen, ein neues Wir-Gefühl und Vertrauen in die Zukunft.

Im Frühsommer 1998 wurde unser Beratungsunternehmen Complex Change kontaktiert. In verschiedenen Gesprächen mit der Geschäftsleitung der Bank entstand das erste Beratungsmandat: Ein Veränderungsprozess sei zu gestalten und zu begleiten, der die Bank Leu nach dieser umfassenden Reorganisation und Neuausrichtung unterstützt bei der Entwicklung und Verankerung einer neuen Identität und Unternehmenskultur.

Schlüsselpersonen uneinig

Als zentrale Herausforderung für die Prozessgestaltung zeigte sich, dass das Verständnis über die Notwendigkeit eines solchen Kulturentwicklungsprozesses bei nicht allzu vielen Schlüsselpersonen vorhanden war. Zu groß und dringlich waren die alltäglichen Probleme, als dass man sich mit »so abstrakten Themen wie »Kultur« beschäftigen wollte. Nur für eine Minderheit im Management war klar, dass für viele der aktuellen Probleme die Ursache gerade in fehlenden gemeinsamen Verhaltensroutinen, mentalen Modellen, Werten und Normen lag.

Konkret statt abstrakt

Nach intensiver Diskussion mit unserem Auftraggeber entschlossen wir uns deshalb, das Thema Identitätsbildung und Kulturentwicklung an ganz konkreten Herausforderungen aus dem Kerngeschäft der Bank aufzurollen. Wir wählten als Thema *Kundenbindung* und *Neukundenakquisition* und als »Kick-off« die Direktionskonferenz, ein jährlich stattfindender zweitägiger Anlass mit allen ungefähr 100 Mitgliedern der Direktion.

Open Space als Konferenzmethodik

Aufgrund der Ausgangslage und Zielsetzung wurde schnell klar, dass die Open-Space-Methode für dieses Thema ideal war.

❖ Es konnte davon ausgegangen werden, dass die Teilnehmenden sehr engagiert waren, weil der künftige Erfolg der Bank davon abhängt, ob die Herausforderung bezüglich des Kundenbedarfs gemeistert wird oder nicht.
❖ Das Thema war zudem mit sehr vielen, unterschiedlichen Faktoren lose gekoppelt, also sehr komplex.
❖ Niemand wusste, wie Kunden stärker gebunden oder Neukunden für die Bank interessiert werden konnten. Einfache Lösungen waren nicht in Sicht.
❖ Die Sponsoren und Auftraggeber waren bezüglich möglicher Ergebnisse offen. Es waren keine Tabus oder spezifische, vordefinierte Erwartungen erkennbar. Die Sponsoren und der Auftraggeber waren bereit, sich auf eine neue Methode und einen offenen Prozess einzulassen.

Der erste Open-Space-Event: die Direktoren

Die Bürgenstock-Hotels in der Zentralschweiz, hoch über dem Vierwaldstätter-See thronend und mit stolzem Ausblick in die Alpen, waren der ideale Ort für diese Veranstaltung.

Als Start für den Open-Space-Event zeigte der Vorsitzende der Geschäftsleitung nur ein einziges Bild: ein Fass, aus welchem im unteren Teil Wasser durch viele Löcher herausspritzt und oben Wasser nur langsam hineintröpfelt. Das Bild wirkte. Wir eröffneten den Marktplatz, und innerhalb von 20 Minuten standen über 40 Themen an der Zeit- und Raumtafel.

Es wurde eine äußerst intensive Open-Space-Veranstaltung. Sechs Projekte wurden in der Konvergenzphase zur weiteren Bearbeitung ausgewählt. Beeindruckend war: Viele davon tangierten kulturelle Faktoren und eines davon, »Unser Stil, unsere Kultur«, traf genau das ursprünglich intendierte Thema »*Unternehmenskultur* und *Identität*«! Eine Bestätigung dafür, dass das System die eigentlichen Themen eines Prozesses schon kennt und selbstorganisatorisch zu intelligenten und passenden Lösungen kommt. In der Schlussrunde des Open Space wurde zudem die Bedeutung genau dieses Projekts für die Bank von verschiedenen Teilnehmenden unterstrichen. Gleichzeitig kam aber auch ein gewisser Respekt vor dessen Komplexität zum Ausdruck.

Den Nagel auf den Kopf getroffen

Der weitere Prozess

Nur wenige Tage nach dem Open Space erhielten wir vom Leiter der Projektgruppe »Unser Stil, unsere Kultur« die Anfrage, ob Complex Change ihr Projekt begleiten würde. Wir sagten zu und in zwei strukturierten Workshops erarbeiteten wir gemeinsam mit der Projektgruppe die *Fokussierung des Projekts*, die *Projektzielsetzung*, die *Indikatoren* der *Zielerreichung* und die *Erfolgsfaktoren*. Zudem zeichneten wir eine *Projektlandschaft*, in der auch die Ergebnisse der anderen Gruppenarbeiten aus dem Open Space verknüpft wurden. Das dadurch genau definierte Projekt wurde der Geschäftsleitung vorgestellt. Es wurde bewilligt und erhielt die nötigen Ressourcen für die Umsetzung.

Die Herausforderungen

Das Projekt wird zum Prozess

Schon während der Projektdefinition wurde deutlich, dass dies eigentlich kein Projekt, sondern ein Veränderungsprozess war, denn die Ziele waren sehr weich, kaum messbar und die Indikatoren vor allem qualitativer Natur. Zudem war der Konsensbereich über die Fokussierung nicht gerade groß: Die Vorstellungen über die Identität der Bank Leu, was sie einzigartig machte, wie sie sich am Markt differenzieren sollte etc., zeigten sich recht heterogen. Als zusätzliche Herausforderung wurde sichtbar, dass die Thematik ungewohnt war. Unternehmenskultur war bis dahin kaum ein Thema gewesen; es gab keine Sprache dafür, kaum Konzepte, Methoden oder Instrumente.

Die ersten Schritte: Basisannahmen zu komplexem Wandel

In den Folgesitzungen ging es darum, Grundlagen für die Prozessgestaltung zu erarbeiten. Diesem Vorgehen lag die Annahme zugrunde, dass ein passendes Prozessdesign nur in enger Zusammenarbeit mit dem zu beratenden System erarbeitet werden kann. Im Zusammenspiel zwischen dem internen Wissen und Beziehungsnetz des Klienten einerseits und den Methoden und der Außensicht der Berater andererseits entstand in einem kreativen Prozess ein Fluss von passenden Interventionen. Als Berater boten wir dem Prozessteam und der Geschäftsleitung Theorien und Konzepte zu Komplexität, Selbstorganisation sowie Wesen und Wirkung von Unternehmenskultur an. Was anschlussfähig war, übertrugen wir gemeinsam auf die konkrete Projektsituation.

Als »Landkarte« für die Gestaltung der *Prozessarchitektur* diente uns unsere Faktorenkarte »Was bewegt Menschen«.

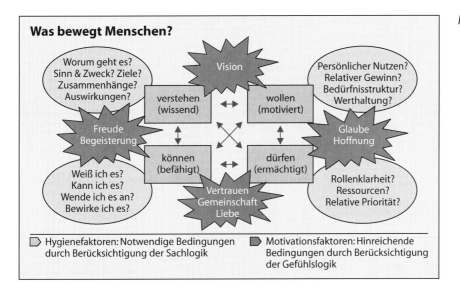

Faktorenkarte

Auf der Basis der Grundannahmen bauten wir die Prozessorganisation auf.

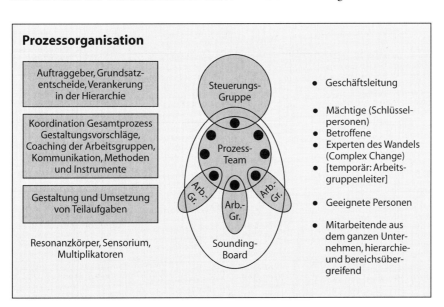

Prozessorganisation

Die Prozessarchitektur

Die Prozessarchitektur gliederten wir in sieben Ebenen:

1. Im Zentrum standen die *Open-Space-Veranstaltungen* für alle Mitarbeiter.
2. Um die Führung zu unterstützen, planten wir davor zwei *Führungs-Workshops:* Einen für die Geschäftsleitung und einen für die Geschäftsleitung plus deren Direktunterstellte (DUs).
3. Unmittelbar nach den Open-Space-Veranstaltungen sollte ein *Koordinations-Workshop* mit den Projektleitern der Veranstaltungen stattfinden.
4. Als erster Meilenstein und Motivationsfaktor sollte drei Monate später die jährliche *Direktionskonferenz* dazu benutzt werden, erste Resultate aus den Projekten zu präsentieren und Feedback dazu sowie Ideen für den weiteren Prozess zu erhalten (Dritter Führungs-Workshop).
5. Kurz davor sollte ein erstes *Soundingboard* (»Resonanz-Treffen«) stattfinden, um weiteres Feedback zu den Wirkungen der Open-Space-Veranstaltungen sowie Hinweise für die weitere Prozessgestaltung zu erhalten.
6. Parallel dazu wurden *bestehende Kommunikationsgefäße und Führungsprozesse* auf ihren kulturprägenden Charakter überprüft und angepasst.
7. Weitere Bausteine sollten nach Bedarf eingesetzt werden können.

Die Prozessarchitektur für die nächsten zwölf Monate sah damit so aus:

Prozessarchitektur

Die Open-Space-Veranstaltungen: die Mitarbeiter

Dem Rahmen dieses Buches folgend, beschreiben wir im Folgenden nur die Open-Space-Veranstaltungen.

Alle Mitarbeitenden der Bank waren eingeladen. Da die Bank nicht geschlossen werden konnte, führten wir vier Veranstaltungen nacheinander durch, jeweils von Freitagmorgen bis Samstagnachmittag. Es nahmen jeweils zirka 100 Mitarbeitende teil.

Zum Einstieg und zur Fokussierung des Themas starteten wir mit einer kreativen Übung: Die Teilnehmenden wurden gebeten, sich in Zehner-Gruppen aufzuteilen und zusammen zwei kurze *Theaterstücke* vorzubereiten und anschließend auf der Bühne zu spielen:

❖ Eine Sequenz, die zeigte, wo kultiviertes Private Banking damals schon sehr gut gelebt wurde, sowie
❖ eine Sequenz, die darstellte, in welchem Bereich noch Entwicklungspotenzial lag. Dieser Block war sehr erheiternd und berührend; viel Gelächter, viel Weisheit, viele Tabuthemen wurden zum ersten Mal angesprochen, und es wurde allen klar, warum wir hier zusammengekommen waren.

Dann starteten wir das eigentliche *Open Space*. Den Ablauf gestalteten wir klassisch. Nur zwei kleine Besonderheiten führten wir ein:

❖ Nach der Reflexionsrunde am Abend trat das Playback-Theater Zürich für ungefähr eine Stunde auf und spielte einerseits Aspekte des Prozesses (»Wie geht es Ihnen?«, »Wie war die Arbeit heute?«, »Was wünschen Sie sich für den morgigen Tag?«), andererseits auch Inhalte (»Was waren Ihre wichtigsten Erkenntnisse heute?« »Was beschäftigt Sie im Moment am meisten?« »Welche Fragen sind noch offen?« u.Ä.).

❖ Der Abschluss wurde insofern zur zweiten Besonderheit im Design, als die ausgewählten Projektideen einer Veranstaltung mit denen der anderen Veranstaltungen koordiniert werden mussten. Zu diesem Zweck führten wir für die Konvergenzphase folgende Unterscheidungen ein: a) Lösungsvorschläge, die einzelne Personen betreffen, b) Lösungen, die ein Team oder einen Geschäftsbereich betreffen, c) Lösungen, die Führungsprozesse betreffen, und d) Lösungen, die unternehmensweite Konsequenzen haben.

Das Resultat der vier Open-Space-Veranstaltungen war äußerst beeindruckend: 127 Themen wurden insgesamt diskutiert, und es entstanden zahlreiche Lösungsvorschläge auf der individuellen und Team-Ebene sowie 25 Projektideen, welche das Führungssystem oder die Gesamtbank betrafen. Die Promotoren dieser Projektideen luden wir ein, zehn Tage nach dem letzten Event an einem gemeinsamen Workshop teilzunehmen, um die Projektideen zu koordinieren und konkrete Projekte aufzusetzen.

Die Projektarbeit nach den Open-Space-Veranstaltungen

Am Workshop der Projektkoordination wurden die 25 Projektideen zusammen mit dem Vorsitzenden der Geschäftsleitung diskutiert und auf fünf Projekte verdichtet. Zielsetzungen und Verantwortlichkeiten wurden geklärt, Ressourcen zugesprochen, Spielregeln erarbeitet und der nächste Meilenstein definiert: An der nächsten Direktionskonferenz in drei Monaten sollten die ersten Ergebnisse der Projektarbeiten präsentiert werden.

Der weitere Prozess

Partizipatives Vorgehen bleibt

Die wichtigsten Meilensteine im Prozess der folgenden 1½ Jahre waren

❖ *die schon erwähnte Direktionskonferenz:* Sie motivierte die Teilnehmer dazu, konkrete Ergebnisse zu erarbeiten, brachte vieles der bislang vagen Zieldefinition des Kulturentwicklungsprozesses auf den Punkt und stärkte die Führung;

❖ *Soundingboards:* Es gab immer wieder wertvolle Hinweise für die weitere Prozessgestaltung und führte zur Bildung zweier neuer Projekte (Feedbackkultur und bereichsübergreifende Zusammenarbeit);

❖ *verschiedene maßgeschneiderte Workshops im Rahmen der Projekte:* Methodisch prägten Open Space, Appreciative Inquiry und Elemente der Zukunftskonferenz die Arbeitsweise. Der partizipative Charakter wurde mit der Zeit von der Kultur aufgenommen und auch im Geschäftsalltag reproduziert;

❖ *Projektabschlüsse:* Das ritualisierte Kommunizieren und Feiern von Erfolgen erwies sich als sehr günstig, sowohl für die neue Kultur, als auch für den weiteren Prozessverlauf.

❖ *Überführung des Gesamtprozesses in die bestehende Führungsorganisation:* Im Rahmen der dritten Direktionskonferenz wurde der ganze Prozess »der Linie« übergeben. Bewusst wurde auf einen Gesamtprozessabschluss verzichtet, um nicht ein falsches Signal zu senden. Der Prozess sollte weiter gehen. Der Prozessorganisation wurde zwar feierlich gedankt und verabschiedet, aber Kulturentwicklung und Kulturpflege waren von nun an ständige Aufgabe der Führung. Die Feedbackkultur spielte eine wichtige Rolle, um dies zu gewährleisten.

Haben sich die Investitionen für diesen aufwändigen Prozess »unter dem Strich« gelohnt?

Aus finanzieller Perspektive war bemerkenswert, dass die Bank Leu 1999 das beste operative Ergebnis seit ihrem Bestehen erwirtschaftete. Aus Sicht der Mitarbeitenden haben sich die Stimmung und das Klima verbessert sowie die Identifikation mit der Bank, die Motivation und die bereichsübergreifende Zusammenarbeit. Das Vertrauen ins Management und in die Zukunft der Bank Leu ist stark gestiegen. Aus Sicht der Kunden konnte eine signifikante Verbesserung der Kundenzufriedenheit gegenüber den Vorjahren festgestellt werden.

Aus Sicht des Managements ist die Kommunikation offener und transparenter geworden, die Mitarbeitenden sind mehr in Meinungsbildungs- und Entscheidungsprozesse involviert und tragen die getroffenen Maßnahmen besser mit. Das vertikale und horizontale Feedback ist bedeutend direkter und offener geworden.

Nicht ohne Stolz dürfen wir sagen, dass es keine Interessengruppe in der Bank gibt, die diesen Prozess nicht als lohnenswerte Investition betrachtet.

Beate von Devivere

Wie manövrierfähig sind Supertanker auf stürmischer See?

Mit Open Space lassen sich bewegliche Rettungsboote bauen

Titel der Veranstaltung: »Aufbrüche: Fachberatung gestaltet den Wandel«	
Autorin:	Beate von Devivere, Personalmanagement-Beraterin, AUGEA Managementberatung
Beauftragende Organisation:	Deutscher Verein für öffentliche und private Fürsorge (Frankfurt am Main)
Branche:	Fürsorge
Anlass:	Umstrukturierungen der Mitgliedsorganisationen wegen finanzieller Engpässe, veränderter Stellen- und Aufgabenprofile sowie Marktveränderungen
Ziel:	Bilanz der Veränderungen, Gestaltungsperspektiven
Dauer:	2 Tage
Teilnehmerzahl:	300 Personen
Teilnehmerkreis:	Fach- und Führungskräfte aus Organisationen, Verbänden, Selbsthilfe- und Fortbildungsorganisationen, Ländern, Städten, Landkreisen, Gemeinden und Verbänden, Beratungsfirmen, Forschungs- und Ausbildungsorganisationen der Sozialarbeit sowie Kinder- und Jugendhilfe

»Aufbrüche: Fachberatung gestaltet den Wandel«

Unter diesem Motto kamen am 16. und 17. März 2000 fast 300 Fach- und Führungskräfte zum zweiten bundeszentralen Kongress zur *Fachberatung für Träger der Kinder- und Jugendhilfe und der Kindertageseinrichtungen vor Ort* in Erfurt zusammen. Anwesend waren Repräsentanten unter anderem aus Verbänden, Selbsthilfe- und Fortbildungsorganisationen, Ländern, Städten, und Beratungsfirmen. Ausgerichtet wurde der Kongress zum zweiten Mal vom Deutschen Verein für öffentliche und private Fürsorge (Frankfurt am Main) in Kooperation mit den Trägerverbänden, gefördert durch das Bundesministerium für Familie, Senioren, Frauen und Jugend und dem Thüringischen Ministerium für Soziales, Familie und Gesundheit als Schirmherr.

Ziele des Kongresses waren:

❖ Die Vielfalt der Aufgabenprofile und unterschiedliche Verständnisse der Teilnehmenden über Entwicklungen in der Fachberatung sichtbar und verständlich zu machen.
❖ Die Trends in der Fachberatung zu identifizieren und Handlungsansätze zu definieren.
❖ Die Möglichkeit schaffen, in einen organisationsübergreifenden Kommunikationsprozess bezüglich der Fachberatung einzutreten.
❖ Schließlich sollte die Gelegenheit bestehen, Visionen für die Fachberatung zu entwickeln.

Auf der Veranstaltung verabschiedeten sich die Teilnehmenden endgültig von der »Fachberatung alten Zuschnitts«. Auch entdeckten sie eine große Vielfalt und Widersprüchlichkeit der Aufgabenprofile und Entwicklungstrends und verstärkten darüber hinaus ihre Arbeit in Netzwerken.

Ergebnisse der Konferenz

Das Schiff im Hafen

Ein einheitliches Berufsbild von Fachberatung gibt es nicht. Die Aufgaben der *Fachberatung für Träger der Kinder- und Jugendhilfe sowie für Kindertageseinrichtungen vor Ort* werden von den Akteuren innerhalb und außerhalb der

Fachberatung, den Trägern, Verbänden auf kommunaler, Landes- und Bundesebene neu sortiert. Die Richtung des Wandels ist offen: Beraten, entwickeln, vernetzen, mit und im Trägersystem oder in interdisziplinären Beratungspools? Mit neuen fachlichen Schwerpunkten?

Stichworte
für Veränderungen
Weitere Stichworte für die Veränderungen sind: wachsende Finanzierungsprobleme sowie veränderte gesellschaftliche und rechtliche Rahmenbedingungen, Fachberatung als Instrument der Qualitätsentwicklung und -sicherung mit wachsender fachlicher und politischer Relevanz, neue Aufgabenzuschnitte und Vernetzungskonzepte.

Als sich die Organisatoren für den Einsatz der Open-Space-Methode entschieden hatten, betraten sie »unbekanntes Gelände«. Sich auf eine Veranstaltung einzulassen, deren Ablauf und Ergebnisse nicht vorhersehbar waren, erforderte Mut. Jedoch sprachen folgende Gründe für die Wahl dieser Methode:

❖ Sich auf Ungewissheiten, Prozessorientierung und Ergebnisoffenheit einzulassen ist eine wesentliche Kompetenz der Fachberatung und kann auf der Konferenz praktiziert und erlebt werden.
❖ Dass die Teilnehmenden die Experten zum Thema sind, ist eine Grundhaltung in der Fachberatung. Der Einsatz dieser Methode entspricht somit genau der Beratungsphilosophie.

Supertanker auf stürmischer See

Frau Prof. Susanne Elsen leitete mit einem Referat zum Thema »Den Wandel gestalten – Ressourcen entwickeln« in die Thematik der Konferenz ein. Sie zitierte im Bild die sprichwörtlichen hohen Wellen, die die gesellschaftliche Veränderung allerorten schlägt.

Erst später, nach dem Mittagessen, begann die eigentliche Open-Space-Veranstaltung. 35 Themen wurden für die Diskussion am ersten Tag vorgeschlagen. Am zweiten Tag kamen weitere 18 Themen hinzu. Während sich die Themen des ersten Tages um allgemeine Belange der Beratung drehten, konzentrierten sich die des zweiten Tages auf die Außenbeziehungen und Entwicklungstrends.

Zum Ende der Veranstaltung präsentierten Vertreter der Arbeitsgruppen ihre Ergebnisse sowie die nächsten Schritte, um diese Ergebnisse umzusetzen. Schließlich wurden die Teilnehmenden gebeten, auf ausliegenden Feedback-Bögen ihre Einschätzung zur Veranstaltung abzugeben (Erwartungen, Einschätzungen zu Verlauf und Ergebnis des Kongresses).

»Die großen Verbände sind möglicherweise manövrierunfähige Supertanker im wogenden Meer der Veränderungen ... Ich rate, kleine Rettungsboote zu bauen ...« (Prof. S. Elsen)

Die Vielfalt des Wandels aushalten?

Teilnehmer-Feedback

Alle Teilnehmer wurden gebeten Rückmeldungen abzugeben, wie sie die Open-Space-Veranstaltung erlebt hatten.

Einschätzung des Kongresses insgesamt

Der Kongress erfuhr eine sehr ambivalente Einschätzung der Teilnehmer, die zur »Lagerbildung« führte: Mehr als zwei Drittel der Teilnehmenden fanden ihn und seinen Ertrag sehr gut bis gut und ungefähr zehn Prozent beurteilten ihn als ausgesprochen »ungenügend«.

Ambivalente Einschätzung der Veranstaltung

    65% ☺   Sehr gut bzw. gut
    25% ☺   Befriedigend
    10% ☹   Ungenügend

Die abschließende Gesamtbewertung fiel aber insgesamt positiv aus.

Einschätzung der Kongressmethode Open Space

Die Frage, ob die Methode für diesen Kongress geeignet war, bejahte die Hälfte der Teilnehmer. Fast ein Drittel stimmten nicht zu und es gab ein relativ großes neutrales Mittelfeld von etwa 20 Prozent aller Teilnehmenden.

50%   ☺   Ja
20%   ☺   Weiß nicht
30%   ☹   Nein

Unterschiedliches Feedback je nach Erwartung der Teilnehmer

Die bei den Teilnehmenden vorherrschende Erwartung an den Kongress, nämlich eine aktuelle Fachdiskussionen zu führen, wurde nach der Veranstaltung insgesamt nur als befriedigend erfüllt angesehen. Bezüglich der Erwartungen über den inhaltlichen Ertrag erfüllte der Kongress also die Erwartungen der Teilnehmenden und der Veranstalter nicht. Diejenigen Teilnehmer, die bezüglich ihrer Kongresserwartungen besonders an der Open-Space-Methode interessiert waren, bewerteten ihn dagegen mit sehr gut bis gut.

Die Erklärungsansätze für diese ambivalente Einschätzung sind unterschiedlich, beziehen sich aber alle auf wesentliche Ausgangsbedingungen für eine erfolgreiche Anwendung der Open-Space-Methode:

❖ Es gab äußerst heterogene Erwartungen an den Kongress: vom persönlichen Kennenlernen, dem kollegialen Austausch über Kennenlernen der Open-Space-Methode bis hin zur verbindlichen Klärung der weiteren fachlichen und politischen Arbeit.

❖ Es gab über die Vielfalt der anwesenden Organisationen hinaus kein verbindendes, gemeinsames Anliegen, keine Flamme, die wirklich brannte.

❖ Einige sahen in der Methode und ihrer konkreten Umsetzung – (zu) kurze Gruppenarbeitszeiten, wechselnde Teilnahme von »Hummeln« und »Schmetterlingen« (»Herumzappen im Gruppengeschehen«) oder der KISS-Regel (keep it simple and short) für die Protokolle (»zu wenig Inhalt«) – die Ursache. »*Das Gesetz der zwei Füße‹ kollidierte mit meinem Pflichtgefühl ... Die Schmetterlinge‹ und Hummeln‹ haben den Arbeitsprozess der Gruppen gestört.*«

❖ Besonders am zweiten Tag wurden Selbstverantwortung und Engagement der Teilnehmer – Hauptbestandteile der Open-Space-Philosophie – vermisst.

Der Kongress hat die Qualität des Veränderungsprozesses verdeutlicht

Die Veranstalter hatten drei teilnehmende Kongressbeobachter, darunter die Autorin, beauftragt, ihre jeweiligen Eindrücke an die Veranstalter zu berichten (vgl. Devivere u.a. 2000). Die Themen der Open-Space-Arbeitsgruppen bestätigen die aktuellen Trends der Debatte – sozial-administrative Aufgaben und auferlegte Restriktionen einerseits und fachlich-inhaltliche Beratungs-Anforderungen der verschiedenen Beteiligten im Spektrum der Kinder- und Jugendhilfe andererseits. Fachpolitische Forderungen lassen sich zurzeit wohl auch deshalb so schwer bündeln, weil unter anderem die konkreten Rahmenbedingungen und Profile der Träger und Anbieter zu heterogen sind, als dass sie im Rahmen eines zweitägigen Open-Space-Kongresses hinreichend erkannt oder gar formuliert werden könnten. Die polarisierte Einschätzung des Kongresses ist ein Zeichen für die Qualität des Veränderungsprozesses selbst, der Chancen bietet, aber auch Verwirrung, Orientierungslosigkeit und enttäuschte Hoffnungen hervorruft.

Für die vorliegende Veröffentlichung möchte ich diese Einschätzung durch einige weiterführende Anmerkungen zur weiteren theoretischen Grundierung und praktischen Anwendung von Open Space ergänzen:

❖ Die Open-Space-Methode und die diesem Instrument zugrunde liegenden Annahmen über die Entwicklung von Organisationen, wie zum Beispiel die Selbstorganisationsfähigkeit von Systemen, müssen in einer gemeinsamen Arbeitsplattform zwischen Veranstalter und Beratern vereinbart werden. Das heißt: Prozessarbeit, unerwartete Wendungen, Ergebnisoffenheit müssen als Voraussetzung des Open Space »bekannt sein« und von allen Beteiligten, vor allem den Auftraggebern, angenommen werden. Diese Voraussetzung gilt meines Erachtens erst recht, wenn mehrere voneinander unabhängige Organisationen mit sehr unterschiedlichen Profilen und Unternehmenskulturen wie im vorliegenden Beispiel ein Open Space veranstalten. Hier handelt es sich um eine Bringschuld gegenüber den Teilnehmenden, die meines Erachtens wesentlich die Ergebnisse einer Open-Space-Veranstaltung beeinflussen.

❖ Die positiven Gründe der Entscheider für die Anwendung dieser Methode müssen in der Organisation im Vorfeld klar formuliert werden. Denn dies lenkt die Aufmerksamkeit der Beteiligten auf die spezifische Art des Wandels und die eigenen Ressourcen. Mit Ungewissheit, Ergebnisoffenheit und Vielfalt kann dann produktiv umgegangen werden.

Vor Beginn eine »Open Space-Plattform« zwischen Auftraggeber und Berater vereinbaren

❖ Der Auftraggeber sollte schon vor Beginn eines Open Space seine Bereitschaft signalisieren, die notwendigen Ressourcen für einen Transfer der Ergebnisse zur Verfügung zu stellen.

❖ Führen voneinander unabhängige Organisationen ein Open Space gemeinsam durch, sollte ebenfalls im Vorfeld geklärt sein, in welchen Strukturen und Zusammenhängen an den gemeinsamen Ergebnissen nach der Open-Space-Veranstaltung weitergearbeitet werden kann.

Mit dem ganzen System arbeiten

Das zentrale »heimliche« Thema dieser Methode ist das zugrunde liegende systemische Denken, das sich als Schlüssel zum Verständnis gesellschaftlicher Wandlungsprozesse überhaupt erweist. Gerade das Führungs- und Planungsverständnis von Großinstitutionen steht auf dem Prüfstand. Ein Open Space ist zum Beispiel für die angesprochenen Supertanker wie ein operativer Eingriff in das Herzstück ihres Selbstverständnisses, ihren Glauben an die Steuerungsfähigkeit sozialer Systeme und das in hierarchisch strukturierten Großorganisationen behauptete Expertenwissen (vgl. die Fach-Diskurse um »Neue Steuerung« und Managementmodelle im Non-Profit-Sektor Literatur hierzu u.a.: QS, Schriftenreihe des BMJFFG). Ein konsequenter Transfer der Ergebnisse des Open Space würde bedeuten, dass die zitierten »Supertanker« ihre Manövrierschwierigkeiten in diesen Zeiten des dynamischen Wandels erkennen und dadurch Ressourcen frei werden lassen.

Für Berater liegt die Herausforderung darin, diese Methode an das jeweilige System der unterschiedlichen Auftraggeber »anzuschließen«. Für den Einsatz der Open-Space-Methode in Non-Profit-Organisationen (NPO) der sozialen Dienstleistung heißt dies meines Erachtens, Folgendes zu bedenken:

OE-Thema: Individuum, Effektivität und Effizienz

❖ Fach- und Führungskräfte in der sozialen Arbeit sind hoch kompetent in der Beratung und Arbeit mit Gruppen. Das gruppendynamische Methoden-Repertoire ist lebendig, wird professionell angewandt und jede neue Methode wird an diesen Kompetenzen gemessen. Entsprechend hoch sind die professionellen Erwartungen an die Open-Space-Methode; der Verweis auf Erfolge dieser Methode in den USA sind da Anregungen zu einer eher kritischen Debatte über NPOs hier und dort.

❖ Die »Erlebnis-Elemente« des Open Space – alle Beteiligte zusammenführen, Gemeinschaftsgeist und Motivation zum Aufbruch erzeugen, eine hierarchieübergreifende, angstfreie Unternehmenskommunikation – sind in den Organisationen der sozialen Arbeit im Unterschied zu der Organisationsberatung im Profit-Bereich kein neues Thema. (Im Management-Koordinatensystem von Aufgaben- und Mitarbeiterorientierung setzten die sozialen Dienstleistungsunternehmen den Schwerpunkt eher zugunsten der Mitarbeiter und der Erfüllung ihrer Bedürfnisse.) Open Space als geeignete Methode, den subjektiven Faktor (vgl. hierzu auch die sozialwissenschaftliche Debatte über die Bedeutung des »subjektiven Faktors« in Organisationen seit Mitte der 70er-Jahre) mit den in der sozialen Arbeit besonders aktuellen Forderungen nach Effizienz und Effektivität zu verbinden und mit dieser Methode die Organisation weiterzuentwickeln, bleibt eine Herausforderung – an die Theoriebildung, an die Organisationsentwickler und an diejenigen, die ein Open Space veranstalten: Wie müssen die Organisationen strukturiert sein, damit die Fachberaterinnen und Fachberater ihre Aufgaben optimal erfüllen können? Wie kann die Open-Space-Methode genutzt werden, um den systemischen Blick auf alle Beteiligten zu fördern? Dies bleiben zentrale Themen.

❖ Ein weiterer grundlegender Aspekt des Open Space ist meines Erachtens noch viel zu wenig beachtet: Das »Gesetz der zwei Füße« und das Bild der »Hummeln« und »Schmetterlinge« ist in der deutschen Kultur mit ihrer langen Tradition preußischer Tugenden wie Pünktlichkeit und Pflicht, in bürokratisierten Verwaltungsinstitutionen und in großen Dach- und Spitzenverbänden mit ausgeprägten Hierarchien und einer »Dienstweg-Kultur« eine kulturelle Provokation. Und auch Spaß und Humor sind weder in der deutschen Geistesgeschichte noch in den großen deutschsprachigen therapeutischen Schulen – im Gegensatz zu Amerika – beheimatet.

Open Space bleibt gerade im deutschsprachigen Raum ein mächtiges, konfrontatives Interventionsinstrument, das produktiv, grenzüberschreitend und innovativ wirksam werden kann. Kleine Rettungsboote sind bereits im Einsatz auf hoher See, weitere sind im Bau. Open Space unterstützt ein innovatives Boots-Design.

Open Space: eine kulturelle Provokation

Marianne Gerber

Institution 2010

Herausforderungen an Alters- und Pflegeheime

Titel der Veranstaltung: »Institution 2010«	
Welche Herausforderungen werden an die Alters- und Pflegeheime gestellt? Mit welchen Themen müssen wir uns befassen, damit wir in zehn Jahren den Bedürfnissen der Bewohnerinnen und Bewohner in den Heimen der deutschsprachigen Schweiz entsprechen können?	
Auftraggeberin:	Marianne Gerber, Leiterin Bereich Bildung, Heimverband Schweiz
Beauftragende Organisation:	Heimverband Schweiz
Branche:	Altenpflege
Anlass:	Open-Space-Konferenz anstelle der traditionellen Herbsttagung
Ziele:	Zukunftthemen herauskristallisieren, Erfahrungsaustausch und Methodeninteresse
Dauer:	1½ Tage
Teilnehmerzahl:	110 Personen
Teilnehmerkreis:	Heimleitende und Mitarbeitende von Alters- und Pflegeheimen

Aus der Geschichte des Heimverbandes Schweiz

An der Wende vom 19. zum 20. Jahrhundert befasste sich der »Schweizerische Armenerzieherverein« (wie der Heimverband Schweiz damals genannt wurde) mit der »Gehülfenfrage«, das heißt der Ausbildung und Besoldung der Mitarbeitenden in »Anstalten«. Die Weiterbildung des Personals in Heimen war schon immer und ist auch heute noch eine zentrale Aufgabe des Verbandes. Waren im letzten Jahrhundert die Kinder- und Jugendheime zahlenmäßig am bedeutendsten, so werden es gemäß demographischer Entwicklung in Zukunft die Alters- und Pflegeheime sein.

Die Aufgabe des Verbandes ist in den zurzeit gültigen Statuten wie folgt umschrieben: »Er unterstützt die Heime und ihre Aufgaben durch Dienstleistungen wie Information, Beratung, Aus- und Weiterbildung, Vermittlung von Personal und andere Vermittlungsdienste.« Das heißt, die Personalfragen sind von großer Bedeutung. Je nach Persönlichkeiten, die dem Verband jeweils vorstanden, machte der heute über 150-jährige Verein den gesellschaftlichen Wandel mal zaghaft und schleppend, mal vorausschauend und zügig mit.

Personalfragen ausschlaggebend

Vor der Bildungsoffensive und den entsprechenden Bildungsreformen während der 80er- und 90er-Jahre des 20. Jahrhunderts wichen die Verantwortlichen des Verbandes eher zurück. Die Lernbereitschaft der Mitglieder schien wie gelähmt zu sein. Der Verband vermochte dem gesellschaftlichen Wandel und der technologischen Entwicklung nur zaghaft zu begegnen. Doch Ende der 90er-Jahre war wiederum eine neue Dynamik spürbar.

Das Klima im Vorfeld der Open-Space-Konferenz 2000

Ende 1999 erhielt ich den Auftrag, die Jahrestagungen der drei Fachverbände »Altenarbeit«, »Behinderte Erwachsene« sowie »Kinder- und Jugendliche«, die sich unter dem Dach des Heimverbandes Schweiz vereinen, zu organisieren. Das Thema der Tagung sollte noch bestimmt werden und nach Meinung der drei Vorstände in der herkömmlichen Tagungsform behandelt werden, das heißt mit Vorträgen von Referentinnen und Referenten sowie Podiumsdiskussionen. Ferner sollten Lösungen für die allseits bekannten Probleme finanzieller, fachlicher und struktureller Art skizziert werden.

Open Space statt herkömmlicher Veranstaltung

In mehreren Sitzungen mit den drei Fachverbänden stellte ich die Open-Space-Methode vor. Trotz einer deutlich spürbaren Skepsis einzelner Vorstandsmitglieder wurde mir zugestimmt, dass a) die Heime vor großen Herausforderungen stehen, b) die Mitglieder untereinander wenig Kontakte haben und c) der Erfahrungsaustausch gering ist. Überzeugt von der Methode, schlug ich allen Fachverbänden vor, an Stelle eines vorbereiteten Tagungsprogrammes mit Referenten und Unterhaltungsintermezzi, eine 1½-tätige Open-Space-Konferenz zum Thema »*Institution 2010*« durchzuführen, wo sich die Teilnehmer selbst ihr Tagungsprogramm zusammenstellen würden. Der Vorschlag wurde angenommen und die Vorbereitungen für eine Open-Space-Veranstaltung im Bereich der Altenarbeit konnte beginnen.

Die Vorbereitung der Open-Space-Konferenz

Die Organisation der Fachtagung fiel dem Bereich Bildung zu. Ich konnte auf die Hilfe einer erfahrenen Direktions- und Tagungssekretärin sowie auf jene der Fachbereichsleiterin zählen. Zuerst mussten geeignete Räumlichkeiten gefunden werden. Wie viele Personen würden sich anmelden, 20, 50, 100, 400 Personen? Wir machten eine erste Ausschreibung mit der Bitte, sich provisorisch anzumelden. Der Rücklauf war nicht überwältigend, schon eher spärlich. Auf die bange Frage von Verantwortlichen im Zentralsekretariat, ob die Tagung überhaupt stattfinden würde, gab ich zur Antwort, dass genau die richtigen Leute kommen würden. Ein Grund für die geringe Rückmeldung kann darin gelegen haben, dass die Verbandsmitglieder möglicherweise von der angekündigten selbstbestimmten Arbeit im Open Space abgeschreckt waren. Denn sie waren es gewohnt zu »konsumieren«, auszuspannen, gut zu essen und zu trinken und dabei ohne weitere Verpflichtungen Kolleginnen und Kollegen zu treffen.

Spärliche Rückmeldungen

Trotz der wenigen Rückmeldungen war ich bezüglich der Teilnehmerzahl guter Dinge und ließ Räumlichkeiten für bis zu 150 Personen reservieren. Im Zentralsekretariat wurde zudem beschlossen, bei mehr als 80 Anmeldungen einen Sponsor zu suchen, der PCs, Drucker und Fotokopierer zur Verfügung stellen würde.

Kurz darauf wurden die Einladungen verschickt, begleitet von einem Brief vom Präsidenten und von der Fachbereichsleiterin. Darin wurde unter anderem geschrieben:

Begleitbrief

»Dieses Jahr laden wir Sie zu einer eher ungewöhnlichen Veranstaltung ein. Die gewählte Konferenzform macht es möglich, dass Sie Ihre eigenen Erfahrungen in vielerlei Hinsicht einbringen und von den Erfahrungen anderer profitieren können. …

Sie sind Heimleiter/in oder Mitarbeiter/in einer sozialen Institution, Mitglied einer Heimkommission oder Angehörige einer Heimbewohnerin/eines Heimbewohners – wie auch immer: Sie sind und fühlen sich verantwortlich dafür, dass es den Menschen im Heim gut geht und sie sich auch in Zukunft darin zu Hause fühlen können.

Wird es uns gelingen, die sozialen Institutionen im ständig stärker werdenden Spannungsfeld zwischen Spardruck, personellen Engpässen und anderweitigen Sachzwängen menschengerecht zu gestalten? Alleine schaffen wir es nicht. Gemeinsam jedoch sind wir eher in der Lage, dem Spardruck entgegenzuwirken, personelle Engpässe zu überwinden und Sachzwänge zu relativieren. Angestrebt wird ein in die Gesellschaft integriertes Heimsystem, das große Ausstrahlungskraft hat bezüglich Tatkraft, Hilfsbereitschaft, Herzlichkeit und Qualität; ein Heimsystem, auf das die Politikerinnen und Politiker stolz sind, von dem die Heimleitenden überzeugt sind, in dem die Mitarbeitenden gerne arbeiten und die Bewohnerinnen und Bewohner gerne leben und mit dem deren Angehörige zufrieden sind. …

Im Zentrum stehen folgende Fragen:

❖ Wie müssen die Heime in Zukunft organisiert werden, um auch unter veränderten Bedingungen den Bedürfnissen der betagten Menschen gerecht werden zu können?
❖ Wie soll der Arbeitsort Heim in Zukunft gestaltet werden, damit sich die Mitarbeitenden mit dessen Auftrag identifizieren, sich wohl fühlen und zur verantwortungsvollen Mitarbeit motiviert sein können?
❖ Welche Bildungsangebote brauchen wir in Zukunft?
❖ Wie sollen soziale Institutionen im stationären und im ambulanten Bereich zusammenarbeiten, damit die Institution primär für den Menschen da ist und nicht umgekehrt?«

Der Verlauf der Konferenz und die Echos danach

Große Rückmeldung auf die Einladung

Der große Saal im Landhaus Solothurn liegt direkt an der Aare, einem Fluss, der an die Vergänglichkeit alles Seienden erinnert. Er eignete sich vorzüglich für die Open-Space-Konferenz. Für die 110 angemeldeten Personen standen in zwei konzentrischen Kreisen 120 Stühle bereit. Die Räumlichkeiten waren vorbereitet. Das erforderliche Material war vorhanden. Es konnte beginnen.

Der Präsident des Fachverbandes begrüßte die Teilnehmenden kurz und gab dann den Moderatoren das Wort. Ich selber bemühte mich, den Kreis abschreitend, die Aufmerksamkeit der Anwesenden zu gewinnen und ihre Konzentration auf das Thema zu lenken: *Wie sind die Institutionen für betagte, pflegebedürftige Menschen in zehn Jahren gestaltet? Wie wird in diesen Institutionen gelebt? Welche Herausforderungen werden heute an uns gestellt? Anders gefragt: Was müssen wir heute tun, um in zehn Jahren die erforderlichen Leistungen erbringen zu können?* Dann beschrieb ich das Vorgehen im Open Space. Mein Kollege übernahm es dann, die vier Prinzipien und das »Gesetz der zwei Füße« zu erläutern.

Als wir zur Themensammlung einluden, kamen die Teilnehmenden nur gemächlich in die Mitte des Kreises, um ihre Themen vorzuschlagen. Es dauerte fast 15 Minuten, bis die vorbereitete Zeit- und Raumtafel mit 22 Workshop-Themen gefüllt war. Die Marktplatzphase verlief wie erwartet: Eine Menschentraube entstand vor der Wand, diskutierend über Zeiten und Räume der Workshops. Am Vormittag und am Nachmittag wurde je eine Workshop-Einheit zu 90 Minuten durchgeführt. Während der Mittagspause im Säulensaal mit Blick auf die fließende Aare wurden weitere anregende Gespräche geführt. Um 16 Uhr trafen wir uns für die Nachrichten im Plenum. Fragen wurden geklärt und Informationen ausgetauscht.

Um 9 Uhr des zweiten Konferenztages lagen 22 Workshop-Berichte für die Teilnehmenden bereit. Diese begannen spontan mit der Lektüre. Derweil wurden an alle Anwesenden fünf Klebepunkte für die anschließende Gewichtung der behandelten Themen verteilt. Einige Themen seien hier erwähnt:

Prioritäten der Konferenz

* ❖ Mitarbeiterzufriedenheit,
* ❖ Anforderungsprofil für die verschiedenen Mitarbeitergruppen,
* ❖ Demenzerkrankungen und die zunehmenden Anforderungen an die Betreuung,
* ❖ Finanzierung der Heime und der erforderlichen zukünftigen Leistungen,
* ❖ Pro Societa – Sozialzentrum der Zukunft,
* ❖ neue Wohnformen im Altersheimbereich – Vision 2010.

Die Prioritäten sollten in der dritten Workshop-Einheit vertieft behandelt werden. In Sorge um ein brauchbares Ergebnis fielen wir Moderatoren in alte Muster zurück. Mein Kollege fasste einen autoritären, nicht Open-Space-gerechten Beschluss und ich intervenierte nicht. Er gab bekannt, dass die Personen, welche einen Workshop leiten würden, den Workshop-Bericht innerhalb von zehn Tagen dem Sekretariat zusenden sollten. Die betreffenden Personen fühlten sich in ihrer Freiheit eingeschränkt. Das führte dazu, dass das Thema, das am meisten Punkte erhalten hat, also von den Anwesenden als das vordringlichste beurteilt worden ist, an diesem Vormittag nicht weiterbearbeitet wurde. Es war das Thema »Mitarbeiterzufriedenheit«.

Freiraum durch Moderation eingeschränkt

Sieben Vertiefungs-Workshops wurden durchgeführt. In den Gruppen wurde trotz des moderatorischen Missgeschicks engagiert diskutiert. Die Konzentration war spürbar. »Schmetterlinge« und »Hummeln« gab es nur wenige. Zur Abschlussrunde waren schätzungsweise 20 Prozent der Teilnehmenden bereits abgereist. Die Rückmeldungen der Teilnehmenden in dieser Runde waren mehrheitlich positiv. Mehrere Teilnehmende bemerkten, dass sie noch nie an einer Herbsttagung so viele neue Kollegen und Kolleginnen kennen gelernt haben. Im Allgemeinen wurde der Erfahrungsaustausch während dieser Tage positiv hervorgehoben.

Vertiefungs-Workshops

Zum Schluss baten wir die Teilnehmenden, den standardisierten Fragebogen zwecks Auswertung der Tagung ausgefüllt abzugeben. Die Teilnehmenden wurden bezüglich des Konferenzverlaufes (Themensammlung, Marktplatz, Atmosphäre, Gruppendynamik, allgemeine Zufriedenheit), der Open-Space-Methode und der Moderatoren (Verständlichkeit der Sprache und Klarheit der Anleitung) befragt. Insgesamt wurden 79 Auswertungsbögen abgegeben.

Feedback-Fragebögen

Fazit

Die Auswertung der Fragebögen hatte Folgendes ergeben:

❖ 90 Prozent (71 Personen) sagte diese Art der Konferenz zu.
❖ 82 Prozent (65 Personen) konnten über ihre Anliegen diskutieren.
❖ 83 Prozent (66 Personen) empfanden die Prinzipien der Methode als hilfreich für die Kommunikation.
❖ 48 Prozent (38 Personen) machten vom »Gesetz der zwei Füße« Gebrauch.
❖ 47 Prozent (37 Personen) waren daran interessiert, Open Space im eigenen Betrieb anzuwenden.

Die Ziele

Die Ziele sind wie folgt erreicht worden:

❖ Die Themen, die die Teilnehmenden im Hinblick auf die Zukunft besonders beschäftigen, wurden registriert und konnten dann weiterverfolgt
werden.
❖ Viele ihrer Erfahrungen wurden ausgetauscht.
❖ Die Beteiligten lernten die Open-Space-Methode 1:1 kennen.

Prioritäten werden
weiter bearbeitet

Die Workshop-Berichte lieferten die Grundlage für das Tätigkeitsprogramm
im nächsten Jahr. Der zuständige Vorstand hat sein eigenes Tätigkeitsprogramm für das folgende Jahr weitgehend anhand dieser Berichte erstellt. Das
Thema »Pro Societa – Sozialzentrum der Zukunft« wurde beispielsweise von
der bereits bestehenden Arbeitsgruppe weiterbearbeitet. Für andere Themen,
zum Beispiel »Anforderungsprofil für die verschiedenen Mitarbeitergruppen«
oder »Demenzerkrankungen und die zunehmenden Anforderungen an die
Betreuung«, haben Vorstandsmitglieder bzw. Personen, die sich für das Thema engagieren, die Verantwortung für die erforderliche Projektarbeit bzw. die
Koordination laufender Projekte zu diesem Thema übernommen.

Weitere Open-Space-
Veranstaltung

Am Thema »Mitarbeiterzufriedenheit«, das von den Teilnehmenden als
das Wichtigste beurteilt, jedoch am zweiten Tag nicht weiterbearbeitet worden ist, wurde »online« weiter diskutiert. Interessierte Mitglieder wurden eingeladen, Praxiserfahrungen auszutauschen, neue Erkenntnisse am eigenen Arbeitsplatz umzusetzen und darüber zu berichten. Nach ungefähr sieben Monaten sollen die Mitglieder der »Online-Gruppe« zu einer eintägigen Open-
Space-Veranstaltung eingeladen werden.

Die Open-Space-Konferenz ist nun einer kleinen Zahl der Mitglieder des
Heimverbandes Schweiz bekannt. Ich bin überzeugt, dass in Zukunft hier
und dort Open Spaces geschaffen werden. Die Konferenz 2000 kann insofern
als erfolgreich bezeichnet werden, als dass der Verband viele Anregungen von
den Mitgliedern selbst erhalten hat, und die Mitarbeitenden im Zentralsekretariat sich auf konkrete Ergebnisse der Arbeitsgruppen beziehen können.
Open Space fördert unser Lernen innerhalb der Organisation.

Dr. Susanne Weber

»Open Ohr: Beraten im Netzwerk«

Titel der Veranstaltung: »Open Ohr: Beraten im Netzwerk«	
Auftragnehmerin:	Dr. Susanne Weber, Philipps-Universität Marburg
Auftraggebende Organisationen:	EFMC (European Female Management Consultants) und Netzwerk Telekooperation, Telehaus Wetter VEFAR e.V.
Branche:	Beratung
Anlass:	Beratertagung und Abschluss EU-Programm Telekooperation
Ziel:	Vernetzung der Beraterinnen und Berater sowie der Dialog mit Kunden
Dauer:	1 Tag
Teilnehmerzahl:	50 Personen
Teilnehmerkreis:	Beraterinnen, Berater, Kunden und Kooperationspartner

Beraten im Netzwerk

Welche Trends kommen auf die Beratungsbranche zu? Wie kann Beratungsqualität zeitgemäß optimiert werden? Was sind die Erfolgsfaktoren gelingender Organisationsberatung? Welche Kooperationsformen sind zukunftsweisend? Solche Fragen nach Beratungsqualität im Netzwerk und dem Aufbau funktionsstarker Unterstützungsstrukturen wurden auf der Open-Space-Veranstaltung »Open Ohr: Beraten im Netzwerk« zwischen Berater, Kunden, Kooperationspartnern und Mitbewerbern diskutiert und Bilder zukunftsfähiger Beratung entwickelt. Organisationsberatung findet zunehmend im Netzwerk statt. Zunehmend wünschen sich die Beratung nachfragenden Organisationen ganzheitliche Lösungen und Beratungspakete »aus einer Hand«. Flexible, innovative Kooperationsformen erweisen sich immer mehr als zukunftsfähig. Die Veranstalterinnen des »Open Ohr: Beraten im Netzwerk«, das im Herbst 2000 in Marburg stattfand, haben sich zum Ziel gesetzt, strategische Allianzen in BeraterInnennetzwerken aufzubauen und zu unterstützen.

Strategische Allianzen aufbauen und unterstützen

Mit dem Wunsch nach ganzheitlichen Lösungen werden die Anforderungen an kleine Beratungsunternehmen immer komplexer: Der Strauß an erforderlichen Kompetenzen kann häufig von einer einzelnen Beraterin oder einem einzelnen Berater kaum mehr abgedeckt werden. Um diesen komplexen Anforderungen im Netzwerk besser nachkommen zu können, hat sich Ende 1998 das »European Female Management Consultants Network« (EFMC) gegründet. Der EFMC ist davon überzeugt, dass die Beratungstätigkeit in Netzwerken einen neuen Typ Unternehmer und neue unternehmerische Kompetenzen braucht, und hat sich zum Ziel gesetzt, die Entwicklung in diese Richtung mit zu unterstützen. Der zweite Kooperationspartner für die Veranstaltung »Beraten im Netzwerk« ist das Telehaus Wetter e.V. Mittels virtueller Netzwerke bietet es neuartige Kooperations- und Unterstützungsstrukturen für innovative Beratungsunternehmen, die ihre Leistungs- und Wettbewerbsfähigkeit steigern und Wege in die Informationsgesellschaft weiter ausbauen wollen.

Innovativer Dialog zwischen Kunde und Beraterin

Qualitätsvolle Beratung arbeitet nicht mit Einheitsrezepten, sondern mit maßgeschneiderten Lösungen. Sie entsteht in tragfähigen Beratungsbeziehungen und am »offenen Ohr« in beide Richtungen. Im Dialog zwischen Kunden und Beraterinnen bzw. Berater entstehen aus Landkarten der Veränderung Landschaften des Wandels. Beratungsqualität zeigt sich aber auch an der Innovationskraft der Berater. Innovationskraft betrifft auch die Methodenwahl. Manche Methoden eignen sich besonders gut, um Dialog zu ermöglichen, wie zum Beispiel Open Space. Selbstorganisation, horizontale Vernetzung und Beteiligung der Betroffenen sind drei wichtige Werte und Prinzipien von »Open Space«. Es ist ein optimales Instrument guter Beratung, da es die Ressourcen aller Menschen im Raum nutzt und auf diese Weise gute Ergebnisse auf den Weg bringt. Mit Open Space wird eine neue Qualität in der Organisationsberatung möglich. Und dies wird hier in die Praxis umgesetzt: auf der Tagung haben sich Berater mit ihren Kunden und internationalen Kooperationspartnern eingefunden, um sich über Beratungsqualität und Vernetzung auszutauschen und wechselseitig Anregungen zu geben.

Vorbereitung des »Open Ohr«

Die Vorbereitungsgruppe (der Vorstand des EFMC) entwarf auf zwei Vorbereitungstreffen gemeinsam mit der Moderatorin das Veranstaltungsdesign. Zwei Monate vor der Veranstaltung fand das erste Vorbereitungstreffen statt. Dort wurden Ziele der Veranstaltung, Zielgruppen, Veranstaltungskonzept und organisatorischer Bedarf abgesprochen sowie die Räumlichkeiten besichtigt. Auf dem zweiten Vorbereitungstermin, der einen Monat später stattfand, wurden weitere organisatorische Fragen erörtert wie Feinplanung des Ablaufs, Werbung, Begleitprogramm, Teilnehmermappen, Dokumentation und vieles mehr. Die Planungsgruppe arbeitete effektiv und zügig. In nur zwei Planungstreffen mit der Moderatorin inklusive Besichtigung und Detailabstimmung des Designs wurde die Veranstaltung vorbereitet.

Fragen zur Beratung der Zukunft

Im Herbst 2000 fand die Veranstaltung im Softwarecenter Marburg statt. Der Veranstaltungsort eignete sich außerordentlich gut für eine Open-Space-Veranstaltung: Der große und helle Tagungsraum bot Raum für Präsentations- und Kreativecken, Multimediashow und eine Denkstilanalyse-Ecke ebenso wie für den großen Stuhlkreis, in dem alle Teilnehmenden Platz fanden. In der linken Raumhälfte wurde der große Kreis arrangiert, in der rechten Hälfte waren bereits zehn Arbeitsgruppenecken und -kreise vorbereitet. Das Buffet wurde morgens früh im Raum aufgebaut. Am Morgen der Veranstaltung wurden die Teilnehmenden mit Klanginstallationen und mit Kaffee und Gebäck begrüßt. Dies schuf gleich die richtige Einstimmung in ein informelles und ein freundlich-kommunikatives Klima.

Der Start ins Thema »Beraten im Netzwerk«

Pünktlich um 10 Uhr begrüßten die Veranstalterinnen die Teilnehmenden und dankten für ihr Interesse am Dialog und ihre Offenheit für neue Ansätze in der Beratung. Beratungsqualität zeigte sich auch an der Offenheit gegenüber neuen Verfahren. Die Moderatorin erläuterte kurz, warum das Verfahren Open Space eine solche Innovationskraft besitzt und gerade auch ausgesprochen nützlich für die Realisierung von Vernetzungszielen ist.

Inhalte und Ablauf der Veranstaltung

Nachdem das Verfahren vorgestellt und die Vorgehensweise erläutert waren, wurden Themen für den Tag gesammelt: Insgesamt schlugen die Teilnehmenden 16 Workshop-Themen vor, unter anderem die Anliegen:

Themensammlung
❖ Vernetzungs- und Infrastrukturen schaffen,
❖ Zusammenarbeit im Beratungsnetzwerk (Kooperation und Konkurrenz),
❖ die BeraterIn als UnternehmerIn: (noch) erfolgreicher werden,
❖ Internationale Zusammenarbeit und Partnerschaften in der EU,
❖ Outdoor-Training und Beratung,
❖ Management of Diversity,
❖ Beratung mit klein- und mittelständigen Unternehmen,
❖ Teleworking in kleinen und mittelgroßen Unternehmen,
❖ Konflikte in der Beratung,
❖ Beratung versus Machen – Grenzen der Beratung,
❖ Vernetzung jetzt: konkrete Schritte zur Kooperation.

Die Themen konnten auf der Zeitschiene in Workshop-Phase I oder II (Vormittag oder Nachmittag) angeboten werden. Der Vormittag und der Nachmittag verliefen mit viel Austausch und Dialog. Die Ergebnisse wurden in der Dokumentation erfasst und zum Ende des Nachmittags kurz im Plenum vorgestellt. Im Rahmen dieses Artikels sollen einige wenige, für das Thema »Beraten im Netzwerk« besonders zentrale Aspekte herausgehoben werden. Dazu gehören die Themen *Telekooperation und virtuelle Beratungsnetzwerke* ebenso wie das Thema *interkulturelles Outdoor-Training und internationale Kooperation*. Darüber hinaus werden die Themen *Management of Diversity, Qualität in der Beratung* und *Die Beraterin als Unternehmerin* eingehender vorgestellt.

Telekooperation und virtuelle Beratungsnetzwerke

In dieser Gruppe wurde deutlich, dass die Wettbewerbs- und Leistungsfähigkeit von Beraterinnen durch Telekooperation gesteigert werden kann. Dies
bezieht sich auf den Aufbau virtueller Kompetenzzentren ebenso wie die Organisation des eigenen virtuellen »Backoffice«. In der Organisationsberatung
bietet virtuelle Vernetzung die Möglichkeit, Kompetenzzentren aufzubauen.
Insbesondere in der Beratung von komplexen Projekten ergänzen sich Kooperationspartner mit unterschiedlichen Kernkompetenzen.

Telekommunikation fördert Wettbewerbs- und Leistungsfähigkeit

Die virtuellen Unternehmensnetzwerke, das heißt langfristig angelegte in-
formations- und kommunikationstechnisch basierte Kooperationsformen
unabhängiger Unternehmen mit einer gemeinsamen Werte- und Vertrauensbasis, sind eine besondere Form der strategischen Allianz. Zeitlich begrenzte
Kooperationen müssen sich besonderen Herausforderungen stellen. Sie müssen im Bereich der internen und externen Kooperation neue Muster entwik-
keln. Sie müssen mit unterschiedlichen Organisationskulturen und Wertemu-
stern kompatibel sein. Sie müssen auch organisatorisch harmonieren. Auch
die Frage »Beratungsleistung via Internet, welche Möglichkeiten gibt es, Bera-
tungsleistungen im Internet anzubieten? Was ist sinnvoll?« wurde angerissen.
Betont wurde, dass gerade auch im Kontakt zu den Kunden »face to face«-
Kommunikation keinesfalls zu vernachlässigen ist.

Vernetzung, das A und O der Beratung

Resümee dieser Gruppe war, dass es für kleine Unternehmen immer wichtiger wird, sich zu vernetzen. Durch die Entwicklung der Informationstech-
nologie hat der Aufbau von Netzwerken eine neue Potenz bekommen, »face
to face«-Kontakte bleiben jedoch weiter wichtig, um sich kennen zu lernen.

Interkulturelles Outdoor-Training und internationale Kooperation

Ein weiteres Trendthema in der Organisationsberatung sind integrierte Angebote, die den »ganzen« Menschen ansprechen. Neue Ansätze begreifen zunehmend den Menschen nicht mehr nur als »rational man«, sondern als den
»sinnlichen« und »reizhungrigen« Menschen, der offen ist, spielerisch, neugierig, erlebnisorientiert, der fühlen und empfinden will, der emotional ist
und mit diesen Persönlichkeitsanteilen auch gesehen und wahrgenommen
werden will. Eine Teilnehmerin setzte Outdoor-Training für die Teamentwicklung ein und verzahnt diese mit Organisationsberatungsprozessen. Interessiert an vernetzten Beratungskooperationen, stellte sie ihren innovativen
Ansatz interkultureller Teamentwicklung und Outdoor-Training vor. Hier er-

Integrierte Angebote

Spielerisches Herangehen an Themen

öffneten sich ungeahnte Chancen und Möglichkeiten, den bisherigen »Bremsklotz« Vielfalt zur Stärke umzufunktionieren. Outdoor-Aktivitäten ermöglichen spielerisch »lockeres« Kennenlernen ebenso wie problemlösungsorientierte Übungen, die nach dem »Abenteuer« reflektiert werden. Klettern an Kletterwänden oder Balancieren auf einem Seilparcours bieten Möglichkeiten, Problemlöseverhalten zu reflektieren ebenso wie Vertrauen in das Team zu entwickeln. Solche Erfahrungen können für alle Arten interkultureller Teams nützlich sein. Im Beratungsnetz wurden gemeinsam Konzepte weiterentwickelt. Resümee: Die strukturelle Konkurrenz im Beratungssektor verwandelt sich im Beratungsnetz in strategische Allianzen.

In dieser Gruppe wurde ferner deutlich, dass besonders Beraterinnen und Berater sich mit dem Thema Kooperation und Konkurrenz auseinandersetzen müssen. Die hier diskutierte zukünftige Arbeitsform hat bereits einen neudeutschen Namen: »Co-opetition«, als Verknüpfung von Cooperation und Competition. Gerade in Netzwerken kommt es darauf an, »Win-win«-Situationen für alle Seiten herzustellen. Vernetzungskompetenz heißt hier, ein wechselseitiges Geben und Nehmen zu lernen und zu pflegen. Solche Unternehmerinnen sind keine Einzelkämpferinnen mehr. Die juristisch und wirtschaftlich autonomen Partner-Unternehmen werden durch den »Kitt« einer gemeinsamen Werte- und Vertrauensbasis zusammengehalten. Für Netzwerkkooperation ist also Persönlichkeit gefragt.

Gemeinsame Werte halten zusammen

Management of Diversity

Kompetenzen gezielt bündeln

Wann ist Heterogenität im Team ein Vorteil, wann kann Homogenität im Team zum Nachteil werden? Gibt es Instrumente, mit dem sich die typische Verhaltens- und Denkmuster von Menschen zuverlässig ermitteln lassen? In einer Themenecke werden von mehreren Organisationsberaterinnen Analyse-, Personal- und Teamplanungsinstrumente für ein »Management of Diversity« vorgestellt. Das H.D.I (Herrmann Dominanz Instrument) basiert auf den Erkenntnissen der modernen Hirnforschung, die von deutlich unterschiedlichen »Hemisphären« und Denkzentren ausgeht und Persönlichkeitsprofile analysieren hilft. Mit diesem Instrument lassen sich aus den unterschiedlichen Einzelprofilen und Persönlichkeitstypen ideale Teamprofile zusammenstellen – und Risikokonstellationen vermeiden. Auch in Beratungsnetzwerken können solche Instrumente das Finden des Dream-Teams unterstützen. Denn auch in der Beratung entsteht Qualität aus der Bündelung aller verfügbaren Kompetenzen, wie die nächste Gruppe feststellte.

Qualität in der Beratung

Woran machen wir Qualität in der Beratung fest? Wie können wir Qualität steuern? Eine Teilnehmerin berichtete von den Diskussionen in den Gruppen zum Themenbereich »Qualität und Qualitätsstandards in der Unternehmensberatung«. Zunächst wurde diskutiert, wie es gelingen könnte, sich selbst und die Kundinnen und Kunden zufrieden zu stellen. Als wichtige Aspekte wurden Zeitbedarf, Transparenz und Sympathie betont. Als zentrale Instrumente der Qualitätsmessung und Prozesssteuerung wurden insbesondere eine »saubere« Diagnose und Zwischenevaluationen gefordert. Diese sind auch in den vom EFMC entwickelten Qualitätsstandards für Organisationsberatung und Personalentwicklung« definiert. Die Standards umfassen den gesamten Beratungsprozess von der Kontaktphase bis zur Nachbereitung sowie das ständige Weiterlernen der Beraterinnen des EFMC. Im Workshop wurde die weitergehende Differenzierung der BeraterInnenkompetenzen eingefordert.

Saubere Diagnose und Evaluation

Die Beraterin als Unternehmerin

Die Initiatorin dieses Themas formuliert ihr Anliegen. »Eine Beraterin muss sich selbst managen und organisieren. Wie kann das optimiert werden? Welche Erfolgsrezepte gibt es?« Ein zentraler Diskussionspunkt dieser Gruppe war unter anderem die Frage, wie viel Umsatz eine Beraterin monatlich erwirtschaften muss, um lebensfähig und erfolgreich zu sein. Der Faktor Zeit wird als häufig vernachlässigte Erfolgsgröße identifiziert: In die Beratung gehen in erheblichem Umfang »versteckte Zeitbedarfe und Budgets« ein. Der real erforderliche Zeitaufwand muss genau kalkuliert werden.

Gute Zeitkalkulation

Erfolgsaussichten als Netzwerk hatte auch eine Gruppe, die sich beim »Hummeln« gefunden hat: Sie wollte konkret ein Mini-Netzwerk für Einzelunternehmerinnen gründen. Vier Frauen vereinbarten spontan ein erstes Netzwerktreffen, das noch im gleichen Monat stattfinden sollte.

Abschluss des »Open Ohr«

Nach den zwanglosen und kurzen Berichten im Plenum gab ich einen Kasten herum, in dem kleine Symbole waren. Jede und jeder konnte sich ein persönliches Symbol aussuchen, als »Anker« für die eigenen Ziele im Alltag und es mit nach Hause nehmen als Erinnerung daran, dass es »offene Räume« gibt und dass wir sie auch im Alltag mehr in unser Leben hineinlassen können. Wir schlossen den Tag mit dem »Talking Stick«-Ritual ab: Der »Talking Stick« wurde durch den Kreis der Teilnehmenden gereicht. Alle Teilnehmenden konnten blitzlichtartig den anderen ihre Eindrücke von der Veranstaltung oder Worte des Abschieds mitteilen. Die Teilnehmenden wie die Organisatorinnen sprachen sich positiv aus. Viele fühlten sich angeregt, einige waren aber auch erschöpft von der Intensität des Austauschs. Viel Zuspruch fand die Open-Space-Methode. Für viele war die Methode eine neue Erfahrung: ein Raum für Ideen und Spaß!

Fazit

Die Veranstaltung hat allen viel Spaß gemacht, war intensiv und produktiv. An diesem Tag sind viele Absprachen zustande gekommen und auf der persönlichen Ebene hat einen ganzen Tag lang Vernetzung stattgefunden. Wichtige aktuelle Beratungsthemen kamen auf die Agenda und wurden heiß diskutiert. Die Teilnehmenden waren einhellig der Meinung, dass man noch einige Tage produktiv hätte weiterdiskutieren können über die aktuellen Herausforderungen und Trends in der Beratung. Alle empfanden diesen Tag und den »offenen Raum« der Diskussion als persönliche Bereicherung für ihre Beratungspraxis. Insbesondere hat auch Open Space großen Anklang gefunden. Viele Beraterinnen erkundigten sich gleich nach der Veranstaltung nach Fortbildungsmöglichkeiten und Open-Space-Trainings, um Open Space als wertvolles Verfahren auch in ihre Schatzkiste der Beratungstools aufnehmen zu können.

Eva Wimmer

Vom Schattendasein ins Rampenlicht

Titel der Veranstaltung: »ADAPT-Transfer-Forum«	
Auftragnehmerin:	Eva Wimmer
Beauftragende Organisation:	Nationale Unterstützungsstelle ADAPT der Bundesanstalt für Arbeit, Bonn
Branche:	Arbeitsverwaltung
Anlass:	Halbzeit des EU-Programms ADAPT zur proaktiven Arbeitsmarktpolitik
Ziel:	Projektergebnisse sammeln und unter den Mitgliedern des Programms verbreiten
Dauer:	2½ Tage
Teilnehmerzahl:	210 Personen
Teilnehmerkreis:	Mitglieder der Deutschen Projektträger des EU-Programms ADAPT

Europäische Politik gegen Arbeitslosigkeit

Was haben die Qualifizierung von Druckbetrieben zu Mediendienstleistern und der China-Export von sächsischen Kleinbetrieben gemeinsam? Beide Themen werden als Projekte in einem Programm mit dem Namen ADAPT durchgeführt. ADAPT wurde von der EU-Kommission erdacht und soll europaweit Strategien gegen die Arbeitslosigkeit erproben. Ziel des Programms ist es, Arbeitslosigkeit zu verhindern, bevor sie entsteht und zwar durch Anpassung (»Adaption«) an eine sich verändernde Umwelt. Im Kern und vereinfacht ausgedrückt werden Beschäftigte im Rahmen von ADAPT weiterqualifiziert und vor allem kleine und mittlere Unternehmen als wichtige Beschäftigungsträger unserer Wirtschaft in ihrer Wettbewerbsfähigkeit gestärkt.

Qualifizierung und Wettbewerbsfähigkeit von mittelständischen Unternehmen

Unter ADAPT wird eine enorme Bandbreite von innovativen Ansätzen erprobt. Das Spektrum reicht von der gemeinsamen Produktentwicklung zwischen Handwerkern und Designern über den Aufbau von E-Commerce-Strukturen für die Textilwirtschaft bis hin zu einem Informationszentrum zur Reparatur gängiger Autotypen für freie Kfz-Werkstätten. Dabei werden

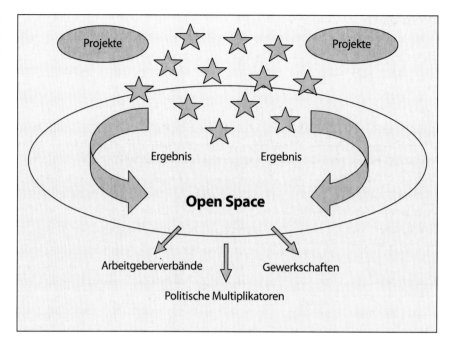

sowohl Branchen in Krisensituationen als auch junge Unternehmen, zum Beispiel aus der Medienbranche, berücksichtigt. Die Vorhaben werden von Weiterbildungsträgern, Forschungseinrichtungen und Unternehmensberatern im Rahmen von Modellprojekten durchgeführt. Koordiniert werden die Modellprojekte dabei von unserer Einrichtung, der Nationalen Unterstützungsstelle ADAPT, die bei der Bundesanstalt für Arbeit angesiedelt ist.

Projektverantwortliche lernen jonglieren

Die Aufgabe:
abstrakte Ergebnisse
verständlich darstellen

Die Ergebnisse und gefundenen Lösungen der Modellprojekte sind nicht nur für die Projektträger und ihre Kunden von Interesse, sondern sollen auch anderen Interessierten zugänglich gemacht werden. Doch dafür müssen sie erst einmal bekannt sein und in einer Form vorliegen, die es potenziellen Anwendern ermöglicht, sie auf ihren Fall zu übertragen. Deshalb luden wir zu einem Open Space unter dem Titel »ADAPT-Transfer-Forum« ein, bei dem wir uns auf die Suche nach den Ergebnissen der Projekte begeben wollten und Strategien zur »Vermarktung« und Übermittlung an wirtschafts- und sozialpolitische Entscheider erdacht werden sollten.

Drahtseilakt Open Space

Die Vorteile der Open-Space-Methode für beide Ziele – Ergebnisse sammeln und Transfer-Strategien ersinnen – leuchteten uns ein: In den Workshops würden sich viele der 670 Projekte artikulieren und aktiv werden können. Durch die Workshop-Reports würden wir als Veranstalter mit zahlreichen Projektergebnissen vertraut werden. In der Planung des weiteren Vorgehens würden wir Mitstreiter gewinnen. Die motivierende Wirkung des Open Space würde Energien freisetzen. Die zuweilen als Einzelkämpfer agierenden Projektmitarbeiter würden erfahren, dass sie Teil eines größeren Ganzen sind.

Für und wider Open Space

Doch auch Bedenken wurden vorgebracht: Wie sollte das Feuer der Begeisterung und des Tatendrangs nach der Veranstaltung geschürt werden? Die Teilnehmer kommen aus unterschiedlichen Organisationen, haben keine Arbeitsbeziehungen und erleben sich sogar teilweise als Konkurrenten. In der Literatur wird das als »temporäre Organisation« bezeichnet, die sich für die Dauer einer Konferenz formiert. Die Verbindlichkeit der Zusagen für Folgeaktivitäten ist da meist gering und der grandiose Aktionismus, wie er gleich nach dem Open Space auftritt, erlahmt rasch. Wir wollten jedoch nachhaltige Entwicklungen entfesseln. Deshalb trafen wir Vorkehrungen.

Erschwerende Strukturen in »temporären Organisationen«

Ein doppelter Salto für die Logistik

Für den benötigten großen Tagungssaal fanden wir eine ungewöhnliche Lösung: Ein großes Zelt wurde im Garten eines Bildungszentrums aufgebaut. Das Zelt erinnerte später viele Teilnehmer an einen Zirkusbesuch und tatsächlich traten viele Teilnehmer später mit ihren Themen in die »Manege«.

Gut bedacht ins Plenum!

In der Phase der Vorbereitung jedoch überwog das Gefühl, dass ein Open Space primär eine logistische Herausforderung ist. Doch die zukünftige Arbeit der Workshops sollte keine Einschränkungen durch organisatorische oder technische Unzulänglichkeiten erfahren.

Der Zirkusdirektor hat das Wort

Nach umfangreichen Vorbereitungen war es dann am 1. Februar 1999 endlich so weit: Mit etwa 210 Teilnehmern startete der ADAPT-Open-Space in Hannover. Da in temporären Organisationen noch kein natürlicher Zusammenhalt vorgeben ist, etwa durch die gemeinsame Zugehörigkeit zu einem Unternehmen und seiner Kultur, musste dies bei unserem Open Space erst geschaffen werden. Um eine gemeinsame Richtung zu haben und ein »Wir-Gefühl« zu entwickeln, wurde die Veranstaltung mit einem Vortrag eröffnet. Daran schloss sich eine ausgedehnte Phase des persönlichen Kennenlernens an, die der Projektdarstellung bewusst wenig Platz einräumte.

Aufmarsch der Feuerspeier

Emsige Geschäftigkeit und ein Feuerwerk an Energie

Am nächsten Morgen startete dann erst der eigentliche Open Space. Auch in unserem Open Space verfehlte die Erlaubnis, eigenverantwortlich zu handeln und Leidenschaften zu bekennen, seine aufputschende Wirkung nicht. Das Feuer wurde entfacht und etwa 60 Workshop-Themen wurden engagiert benannt und auf der Agendawand platziert. Der gesamte Tag war den Workshops gewidmet und verging wie im Fluge. Einige Themen wurden zusammengelegt und so wurden schließlich 56 Workshops durchgeführt. Obwohl sich die Teilnehmer in den Workshops verteilten und zerstreuten, gab es doch so etwas wie ein gemeinsames Handeln. Alle folgten einem gemeinsamen Ziel. Unser Eindruck war, dass auch Momente des Zweifels und Versagens aus der Projektarbeit unter den Teilnehmern ausgesprochen werden konnten, was in anderen Veranstaltungen eher ein Tabu ist.

Menschen, Tiere, Sensationen

Treffpunkt der »Schmetterlinge«: das Zelt

Im Wesentlichen konnte man die Workshop-Themen drei Gruppen zuordnen. Die erste Gruppe war durch den Erfahrungsaustausch gekennzeichnet. Die Themen hatten zum Ziel, die Projektumsetzung zu verbessern. Wie gewinne ich kleine Handwerksbetriebe zur Mitarbeit? Wie integriere ich den Betriebsrat für Reengineeringprozesse? Wer hat Tipps zu meiner Projektabrechnung? Solche und ähnliche Fragestellungen herrschten hier vor.

In der zweiten Gruppe suchten Projektaktive die Auseinandersetzung über die inhaltlichen Ergebnisse ihrer Projekte. Welche Wege sollte ein Schuhhersteller bei der Einführung von Informations- und Kommunikationstechnologien beschreiten? Wie kann die Tourismusbranche von meinen Ergebnissen profitieren? Wo liegen Stolpersteine bei der Gründung von Leistungsgemeinschaften in der Baubranche?

In der dritten Gruppierung wurde überlegt, welche Strategien zur Einspeisung der Ergebnisse in die Arbeitsmarktpolitik genutzt werden können. Das

Arbeitsamt und Arbeitsministerium interessiert, wie viele Arbeitsplätze durch mein Projekt erhalten wurden. Wie kann ich das nachweisen? Kann ich die Ergebnisse meines Projektes Gewinn bringend »verkaufen«?

Darüber hinaus tauchte in fast allen Workshops das Thema bzw. die Frage auf »Was wird aus mir und meinen Projektergebnissen nach ADAPT?«.

Erst gegen Abend flachte zum ersten Mal der Energiegehalt der Gruppe ab und Erschöpfung machte sich breit. Da kam ein Kabarettprogramm mit Schlagern aus den »Golden Fifties« gerade recht, um mit Entspannung und Ausgelassenheit einen Kontrapunkt zu setzen.

Bloß keinen Workshop versäumen, schien das Motto vieler Teilnehmer zu sein!

Dressur der Massen

Der dritte Tag war der Intensivierung und Konkretisierung vorbehalten. Die am Vortag entstandenen Reports warteten in der »Manege« bereits auf die Teilnehmer. Nach der Lektüre wurden diejenigen der 56 Workshop-Themen ermittelt, an denen weitergearbeitet werden sollte und die nach Einschätzung der Teilnehmenden das Potenzial aufwiesen, in konkrete Aktionen überführt zu werden. Auf der Grundlage der Prioritätensetzung wurden neun Vertiefungs-Workshops angeboten.

Wie wird aus einem Funken ein Feuer? Die Vertiefungs-Workshops hatten die Aufgabe, zu Empfehlungen zu gelangen oder Aktivitäten festzulegen und zu planen. Drei Leitfragen unterstützten die Arbeitsgruppen in diesem Prozess: Was macht ADAPT erfolgreich? Wie können Ergebnisse und Erfahrungen weitergegeben werden? und: Wie können wir das im Open Space entfachte Feuer weiterbrennen lassen?

Großes Finale

Während der abschließenden Präsentationen wurde klar: Öffentlichkeitsarbeit wurde als entscheidende Aufgabe zur Nachhaltigkeit der Projekte ins Bewusstsein gerückt. Neben Anregungen zu einer gezielten Verbreitung durch die einzelnen Projekte vor Ort wurde der Wunsch nach einer übergeordneten Öffentlichkeitsarbeit für alle Projekte laut. Die große Anzahl sehr guter Ergebnisse wurde in ihrer Summe als schlagkräftig genug eingestuft, um auch überregionale Medien dafür zu interessieren. Mit den Kopien der Ergebnisse der Vertiefungsworkshops im Reisegepäck der Teilnehmer endete unser Open Space am 3. Februar 1999.

Gemeinsam erzielen wir Aufmerksamkeit!

Was der Zuschauer nicht sieht

Ergebnisse kommunizieren oder wen könnte was interessieren?

Für uns als Veranstalter setzte ein nicht unwesentlicher Teil der Arbeit erst nach diesem Termin ein. Denn natürlich wollten wir mit dem ADAPT-Open-Space mehr erreichen als ein einmaliges Veranstaltungs-Highlight. Zunächst einmal wurden die Ergebnisse in einer Publikation und über unsere Web-Seite auch denjenigen Projekten bekannt gemacht, die nicht teilnehmen konnten. Diejenigen Ergebnisse, die den Charakter von Empfehlungen hatten, wurden von uns dem zuständigen Bundesministerium vorgestellt und flossen auf europäischer Ebene in Arbeitsgruppen ein.

Die Workshop-Reports wurden gesichtet, sortiert und gruppiert, die Eindrücke der beteiligten Mitarbeiter unserer Organisation miteinander verglichen und analysiert, bis schließlich die großen Entwicklungslinien klar erkennbar waren.

In einem weiteren Schritt entstanden thematische Arbeitskreise. Sie hatten die Aufgabe, gute Praxisbeiträge für Publikationen und Filmbeiträge zusammenzutragen.

ADAPT-Projekte hinterlassen ihre Spuren im Sand der Arbeitsmarktpolitik

Rückblickend gesehen haben wir eine Menge erreicht: Beiträge über Projektergebnisse konnten in Fernsehen und Tageszeitungen platziert werden. Zu den wesentlichen Themen sind Mappen mit guten Projektbeispielen entstanden, die Multiplikatoren und Politikern zugeleitet wurden. Überall fanden Veranstaltungen statt, die Projektergebnisse zusammenfassten und an die örtliche Presse und Unternehmerschaft weitergaben. In einem Themenbereich ist es gelungen, mit den Parteien und Sozialpartnern eine Gesetzesänderung anzustreben, die eine flächendeckende Umsetzung dieses Instrumentes erst ermöglicht.

Open Space? – Jederzeit wieder!

Unsere Bilanz bestätigt unsere Entscheidung für Open Space. Der große organisatorische und finanzielle Aufwand rechtfertigt sich jedoch nur, wenn die Ergebnisse in eine langfristige Strategie eingebunden werden. Für temporäre Organisationen ist außerdem ein Veranstalter, der auch nach dem Ereignis die Verantwortung für den Prozess trägt, ein wesentlicher Erfolgsfaktor. Am Ende stehen die beiden Schlüsselbegriffe des Open Space auch auf Seiten der Initiatoren als Erfolgsfaktoren: Leidenschaft und Verantwortung.

Martin Lüdemann

Zivilcourage gegen rechte Gewalt

Titel der Veranstaltung: Bürgerkonferenz, Zivilcourage gegen rechte Gewalt	
Auftragnehmer:	Martin Lüdemann, Dr. Sourisseaux, Lüdemann & Partner; Beratende Wirtschaftspsychologen
Beauftragende Organisation:	Das Polizeipräsidium einer großen westdeutschen Stadt
Branche:	Bürgerbeteiligung
Anlass:	Wiederholte Passivität der Bürgerinnen und Bürger bei öffentlichen gewalttätigen Situationen
Ziel:	Strategien zu entwickeln, um die Zivilcourage gegen rechte Gewalt in der Stadt zu stärken
Dauer:	3 Tage
Teilnehmerzahl:	150 bis 250 Personen
Teilnehmerkreis:	Überwiegend ältere Personen, darunter viele jüdische Mitbürger

Die Idee

In einer westdeutschen Großstadt entschloss sich die Polizei, die Bürgerinnen und Bürger einzuladen, um auf einem großen Treffen das Thema *Zivilcourage gegen rechte Gewalt* zu diskutieren. Hintergrund dieser Idee ist die Zunahme rechter Gewalt in der Gesellschaft, verbunden mit dem Phänomen, dass sich Zeugen solcher Gewaltsituationen in der Öffentlichkeit oft passiv verhalten. Die Polizei erhoffte sich durch die Veranstaltung ein gesteigertes Verantwortungsbewusstsein und eine erhöhte Handlungsbereitschaft der Bürger. Eine Mitarbeiterin der Polizei fragte bei mir an, ob man dieses Treffen mit der Open-Space-Methode gestalten könne. Ich bejahte und sagte kurzerhand zu, die Veranstaltung zu moderieren, nicht wissend, wie komplex der Auftrag werden würde.

Mehr Verantwortung und Handlungsbereitschaft erzeugen

100 oder 1.000 Teilnehmer?

Aufwändige und weitgestreute Einladung

Die Einladung zur Konferenz wurde mehrere tausendmal von freiwilligen Helfern in der Stadtbahn verteilt. Weitere Einladungen wurden über Institutionen verteilt, die sich für dieses Thema engagierten, wie zum Beispiel Unternehmensverbände, Banken, örtliche Verkehrsunternehmen, die jüdische Gemeinde, unterschiedliche soziale Organisationen, der Fanclub des Fußballvereines der Stadt sowie weitere interessierte Unternehmen. Diese so genannten Multiplikatoren waren ebenfalls Sponsoren der Veranstaltung. Zudem fanden verschiedene Pressetermine statt, an denen Vertreter der Presse über die Veranstaltung informiert wurden.

Als Vorbereitungsteam wussten wir nicht, wie viele Menschen zu der Veranstaltung kommen würden. Auf 300 Teilnehmer waren wir vorbereitet. Wir hatten eine Schule gefunden, in der eine Veranstaltung dieser Größenordnung Platz finden konnte. Was aber sollten wir tun, wenn sich 1.000 Personen oder mehr anmelden würden? Was tun, wenn nur 100 Personen kämen? Ab 70 Anmeldungen wollten wir die Veranstaltung durchführen und ab 300 Teilnehmern sollten weitere Open-Space-Veranstaltungen stattfinden. Schließlich meldeten sich ungefähr 300 Bewohner der Stadt an. 250 Personen kamen zur Eröffnung und 150 am zweiten und dritten Tag.

Wie sollte ich an das Thema herangehen?

Kein leichtes Thema

Ich begann mich mit dem Thema Zivilcourage zu beschäftigen, konsultierte erfahrene Kollegen, suchte meine Großgruppen-Lerngruppe auf, um das Thema klarer zu erfassen. Was auf den ersten Blick plausibel erschien, nämlich eine Bürgerkonferenz zum Thema Zivilcourage gegen rechte Gewalt zu moderieren, wurde mir bei meiner Annäherung immer unklarer. Ich wusste nicht, wer als Teilnehmer kommen würde und welche Erfahrungen sie mitbringen würden. Jeder der Teilnehmer hatte bestimmt seine eigene Vorstellung von Zivilcourage. Der eine engagiert sich vielleicht schon über lange Zeit in speziellen Aktionsgruppen, während andere sich diesem Thema erst behutsam annähern möchten. Die einen haben schon positive Erfahrungen gemacht, andere waren vielleicht Zeugen eines Übergriffes und konnten nicht handeln, hätten aber gerne gehandelt.

Mir wurde deutlich, dass Zivilcourage ein sehr individuelles und persönliches Phänomen ist. Unter Zivilcourage verstehe ich ein persönliches Handeln, vielleicht ein persönliches Eingreifen, orientiert an eigenen Wertvorstellungen, immer gekoppelt mit dem Überwinden der eigenen inneren Grenze. Intensive Emotionen können zivilcouragiertes Handeln begleiten. Freude über gelungenes Handeln, Stolz eigene Grenzen zu überwinden, aber auch Scham und Wut, wenn es nicht gelingt und man damit zur »schweigenden Mehrheit« gehört. Ob, wann und in welchem Ausmaß einzelne Menschen Zivilcourage zeigen, hängt von der persönlich empfundenen Verantwortung und einem Prozess des persönlichen Abwägens ab. Immer ist auch ein Risiko, manchmal sogar eine Gefährdung der eigenen Person damit verbunden. Zudem sind auch die Situationen, in denen es zu Gewalt kommt, sehr unterschiedlich und treten oft überraschend auf. Damit wurde es insgesamt schwer für mich, eine gemeinsame Ausrichtung für eine heterogene Gruppe bezüglich sehr persönlichen und individuellen Handlungen zu finden.

Ich bekam so nach und nach das Gefühl, dass ich die Veranstaltung nicht zu »fassen« bekomme, dass mir der »feste« Boden unter den Füßen fehlte, den ich für eine motivierende Eröffnung in das Open Space brauchte. Es gab meiner Meinung nach zu viele unbekannte Einflussgrößen: Wer waren die Teilnehmer? Was verbinden diese mit Zivilcourage? Welche Erwartungen haben sie an die Veranstaltung und deren Ergebnisse? Welche Unterschiede bestehen zwischen den Teilnehmern? Ich suchte nach einer gemeinsamen Plattform oder Ausrichtung, über die ich die Teilnehmer ansprechen konnte.

Was tun? Zweifel an der »guten Idee« dieser Veranstaltung wurden zumindest innerlich bei mir laut. Weitere Konsultationen mit dem Kollegen-Netzwerk halfen. So nahm ich mir für die Eröffnung ins Open Space vor, erst einmal das Thema Zivilcourage ausführlich zu beschreiben. Angefangen bei einer Definition bis hin zu den unterschiedlichsten Formen von Zivilcourage, den damit einhergehenden Gefühlen und den ablaufenden psychologischen Prozessen. Zudem benutzte ich noch unterschiedliche Bilder, wie zum Beispiel Zivilcourage als Geschenk, das weitergegeben werden kann, das man hier gemeinsam packen kann, um es dann weiterzugeben. Zivilcourage als Pflanze, die es zu hegen und pflegen gilt.

Kniffelige Eröffnung ins Open Space

Bei dieser Auffaltung des Themas sollten alle Anwesenden die Chance erhalten, sich wieder zu finden, ganz gleich welche Erwartungen sie mitbringen würden.

Alle teilnehmenden Menschen sollten an diesen Tagen ihre unterschiedlichsten Erwartungen und Bedürfnisse äußern können und im Open Space die Möglichkeit sehen, mit anderen über ihre Gefühle, Vorstellungen und Vorhaben zum Thema zu sprechen. Diese Begegnungen, so dachte ich, machten den Menschen vielleicht Mut, sodass sie dann nach den drei Tagen gestärkt in ihren Alltag zurückkehren könnten.

Austausch zunächst wichtiger als Umsetzung

Mit diesem Bezug geriet allerdings die geplante Ziel- und Aktionsbezogenheit der Veranstaltung in den Hintergrund und dafür der Begegnungsaspekt mehr in den Vordergrund. Eine gemeinsame Planung von Aktionen war damit jedoch nicht ausgeschlossen. Deshalb hatte ich den »dritten Tag«, der sich im Open Space meist mit der Aktionsplanung beschäftigt, während der Vorbereitung nicht konkret ausgestaltet, sondern nahm mir vor, diesen Tag im Laufe der Veranstaltung zu planen, nachdem ich schon einen Einblick in die Themen und Stimmung der Teilnehmenden erhalten hatte.

Die weiße Rose, das Symbol von Zivilcourage

Das Ziel dieser Bürgerkonferenz sollte durch ein Symbol verdeutlicht werden, um nicht allein auf eine verbale Vermittlung der Ideen zu Zivilcourage angewiesen zu sein. Die Einladung war graphisch mit einem Päckchen und einer weißen Rose versehen. So sollte ein Bezug zu der »Weißen Rose« der Geschwister Scholl hergestellt werden und deutlich gemacht werden, dass Zivilcourage als Geschenk gegeben und angenommen werden kann. Die weiße Rose war das zentrale Symbol für die Veranstaltung. Jeder Teilnehmer sollte zur Begrüßung am ersten Tag eine weiße Rose bekommen. Diese weiße Rose sollte dann jeder in eine große Vase in der Mitte des Open Spaces platzieren.

So würde wohl deutlich, wie groß, stark und reich die Gruppe in ihrer Gesamtheit in diesem Raum ist. Aus einzelnen Rosen würde ein riesengroßer Strauß werden. Diese Rosen sollten dann über die drei Tage in der Mitte des Raumes stehen bleiben, als Symbol für die gemeinsame Kraft der Gruppe. Am letzten Tag sollte dann jeder wieder seine Rose mitnehmen können, um damit einen Teil der Begegnungen und der Energie der drei Tage mit in seine Welt zu nehmen.

Im Zeichen der weißen Rose: die Open-Space-Veranstaltung

Die Veranstaltung begann am Freitagnachmittag mit der Eröffnung und einer ersten Workshop-Runde. Am Samstag gab es ausschließlich Workshops. Für Sonntag war geplant, dass die Teilnehmenden die Workshop-Berichte lesen und die Ergebnisse zusammenfassen können.

Nachdem alle Anwesenden ihre weiße Rose in die Vase in der Mitte des Stuhlkreises gesteckt hatten, begrüßte der Veranstalter sie mit wenigen Worten. Danach eröffnete ich das Open Space in der oben erwähnten ausführlichen Form in der Hoffnung, so alle Teilnehmer anzusprechen. Während der ausführlichen Rede konnte ich die hohe Konzentration und Aufmerksamkeit der zum großen Teil auch älteren Teilnehmer wahrnehmen. Einige meldeten sich nach meiner Eröffnung sofort mit Wortbeiträgen, die sich auf sehr spezifische individuelle Belange bezogen. Es wirkte, als ob diese Teilnehmer die große Gruppe in diesem Moment nutzten, um Grundsatzreden zur Zivilcourage zu halten. Es gab aber auch Teilnehmer, die ihre persönliche Geschichte als Opfer des Faschismus erzählten – emotional sehr bewegt und bewegend. Für mich stellte sich hier die Aufgabe, den redewilligen Teilnehmern Raum für ihre persönlichen Belange zu geben und andererseits das Open Space im »Lauf« zu halten.

Balance zwischen Grenzen geben und Grenzen setzen

Als ich zu der Themensammlung einlud, zeigten viele Menschen den Mut, ihre Anliegen zum Leitthema »Zivilcourage gegen rechte Gewalt« als Workshop der Gesamtgruppe vorzustellen. Insgesamt wurden über die ersten beiden Tage verteilt 30 Workshops angeboten, wie zum Beispiel: *Wie kann man den Fatalismus im Alltag verhindern? Arbeit mit ausländerfeindlichen Jugendlichen; Die Juden in Deutschland; Zivilcourage in Gewaltsituationen; Zivilcourage als besondere Herausforderungen für Männer; Zivilcourage gegen jegliche Gewalt; Niemand wird als Rechter geboren, was können wir tun? Medien und Zivilcourage; Gründe für das »Wegsehen«.* Damit wurde das Thema Zivilcourage inhaltlich unter den unterschiedlichsten Aspekten beleuchtet.

Hohe Aufmerksamkeit für die Teilnehmenden

Hilfestellung beim Umgang mit Open Space

Da die Gruppe erstens ein relativ hohes Durchschnittsalter hatte, ihr somit der Umgang mit einer auf Selbstbestimmung beruhenden Methode nicht geläufig war, und zweitens viele Emotionen hatte, die ausgedrückt werden wollten, schien es uns ratsam, den Gruppen und einzelnen Teilnehmenden eine intensive Betreuung anzubieten. Wir wollten die Emotionen auffangen und gleichzeitig Sicherheit im Umgang mit der Open-Space-Methode schaffen. Daher führten Veranstaltungshelfer die Teilnehmenden zu den Arbeitsräumen und gaben die Workshop-Berichte in den Computer ein. Ferner suchte ich zu einigen Personen, die sich im Plenum immer wieder zu Wort meldeten, doch dort nicht vollständig ihr Anliegen äußern konnten, den Kontakt. Ich bin heute noch sehr berührt von den Geschichten, die diese Menschen erzählten. Dieser persönliche Kontakt half mir im weiteren Verlauf der Veranstaltung zu entscheiden, wie viel Raum ich den persönlichen Anliegen und Emotionen geben konnte und wo ich im Sinne der ganzen Gruppe Grenzen deutlich machen musste.

Es lief ...

Ein besonderes Klima

Im Laufe des zweiten Tages war ich erleichtert, das die Veranstaltung so erfolgreich verlief. Die Arbeitsform im Open Space wurde von den Teilnehmern angenommen und der offene Raum wurde für Gespräche und vielerlei Begegnungen genutzt. Es entstand ein besonderes Klima. Viele Menschen, die im Alltagsleben nicht miteinander ins Gespräch kamen, tauschten sich lebhaft und mit viel Vergnügen aus. Die erst vorherrschende zögerlich-vorsichtige Haltung gegenüber der Veranstaltung wandelte sich in ein beinahe unbeschwertes und offenes Miteinander, das den Teilnehmern auch ermöglichte, Emotionen zu teilen. Es überraschte mich zu sehen, dass die Gruppe für rechte Jugendliche Verständnis zeigte. Zu keiner Zeit gab es ein Schwarzweiß-Denken oder eine Polarisierung gegen die »rechten Gewalttäter«. Immer wieder wurde über Ursachen diskutiert und darüber, was man denn tun könne, um Gewalt zu verhindern.

Da die Teilnehmenden eindeutig zeigten, dass sie an einer gemeinsamen Arbeit für Zivilcourage auch nach der Veranstaltung sehr interessiert waren, plante ich nun am zweiten Tag die Umsetzung der Ergebnisse für den dritten Tag.

Die weiße Rose in die Welt tragen

Den dritten Tag begannen die Teilnehmer damit, die Workshop-Berichte zu lesen. Dann hielt ich einen kurzen Vortrag, der die Dynamik der Konferenz im Sinne eines »Dreischrittes« darstellte. Der erste Tag war der Tag des Zusammenkommens und des Kennenlernens und der zweite der des Miteinanderarbeitens. Der dritte Tag sollte der Tag sein, an dem die Teilnehmer das zusammentragen, was sie als Einzelpersonen oder als Gruppe aus der Veranstaltung mit in ihre Alltagswelt tragen wollten.

Neun Aktions-Workshops bildeten sich an diesem Tag, um die Ergebnisse der Open-Space-Konferenz in Taten umzusetzen. So verabredeten die Aktionsgruppen unter anderem, einen Leserbrief zum Thema Rechtsextremismus zu schreiben, ein Deeskalationstraining vorzubereiten, Politiker über die Ergebnisse der Konferenz zu informieren und mit Jugendlichen in Schulen zum Thema Zivilcourage zu arbeiten. Alle Aktionsgruppen wurden nach der Konferenz von einer Institution für politische Bildung, die auch mit zu den Veranstaltern gehörte, koordiniert und unterstützt.

Klare Aktionen für danach

Am Nachmittag des dritten Tages kamen alle Teilnehmenden zu einer großen Abschlussrunde zusammen. Jeder hatte hier die Möglichkeit, einige persönliche Sätze zu sagen. Wie bereits der Start wurde auch das Ende der Veranstaltung in der Abschlussrunde ein sehr bewegender Moment. Es gab sehr viele positive Stimmen in Bezug auf die gemeinsam geschaffenen Ergebnisse. Immer wieder wurde die neue und ungewöhnliche Form der Veranstaltung hervorgehoben. Für viele Menschen wurde diese Open-Space-Veranstaltung zu einem besonderen Erlebnis, weil sie über ihre Anliegen mit anderen ihnen unbekannten Menschen sprechen konnten und dabei viel Verständnis erfahren haben. Einige ältere Menschen, die sich als Opfer des Nationalsozialismus zu erkennen gaben, sagten, dass ihnen diese Veranstaltung geholfen habe, Vertrauen zu diesem Land und vor allem in die Institution der Polizei zu bekommen. Viele Menschen bedankten sich für diese drei Tage, die ihnen Mut gab für die Begegnung mit Gewalt.

Was ich beim nächsten Mal anders machen würde

Es gab einige Punkte, die ich bei einer solchen Veranstaltung in Zukunft ändern würde:

- ❖ Das Thema »Zivilcourage gegen rechte Gewalt« würde ich enger und klarer fassen, indem ich eine konkrete Ausrichtung in den Vordergrund stellen würde, wie zum Beispiel ein gemeinsames Netzwerk bilden oder einen Stadtteilbezug herstellen.
- ❖ Das Ziel und die Methode der Konferenz auf der Einladung sollten deutlicher beschrieben werden, um die Erwartungshaltungen zu lenken und die anfänglichen Unsicherheiten bezüglich der Methode zu vermeiden.
- ❖ Unterschiedliche Teilnehmergruppen könnte man aktiver einladen, damit ein breiteres Spektrum der Bevölkerung zusammenkommt.
- ❖ Aktionsbeispiele aus anderen Städten oder Gemeinden in der Form einer Ausstellung könnten vorgestellt werden.
- ❖ Den ersten Teil der Veranstaltung mit Tischgruppen gestalten, an denen die Teilnehmer sich vorstellen und in einen ersten Austausch gehen können. Erst später würde ich in einen Open Space einführen. Somit haben die Teilnehmer zu einem frühen Zeitpunkt die Möglichkeit, sich gezielt kennen zu lernen, und können Sicherheit im Umgang mit dem selbst bestimmten Arbeiten gewinnen.

Christiane Müller und Petra Radeschnig

Vier Organisationen, drei Länder, zwei Tage und ein Open Space

Titel der Veranstaltung: »Wir bringen Menschen in Beruf und Arbeit!? Erfolge – Grenzen – Herausforderungen – Ideen«	
Auftragnehmerin:	Christiane Müller und Petra Radeschnig, ÖSB – Unternehmensberatung Gesellschaft mbH
Beauftragende Organisationen:	Vier Organisationen aus Deutschland, Österreich und Luxemburg; Auftraggeber ist die luxemburgische Organisation
Branche:	Arbeitsmarktpolitik
Anlass:	Entwicklung eines professionellen transnationalen Netzwerkes im Rahmen eines EU-Leonardo-Projektes
Ziel:	Lernmöglichkeiten und Erfahrungsaustausch über Organisations- und Landesgrenzen hinweg
Dauer:	1½ Tage
Teilnehmerzahl:	Ungefähr 70 Personen
Teilnehmerkreis:	19 Prozent der Anwesenden waren Führungskräfte, 81 Prozent Ausbildner, Lehrer, Trainer, Sozialpädagogen; davon 40 Prozent Frauen und 60 Prozent Männer

Die Idee: ein lernintensives organisations- und länderübergreifendes Austauschforum

Im November 2000 trafen sich rund 70 Mitarbeiterinnen und Mitarbeiter von vier Organisationen aus drei Ländern. Aus Thüringen/D kamen ungefähr 20 Prozent der Teilnehmerinnen und Teilnehmer, aus dem Saarland/D zirka 16 Prozent, aus dem Burgenland/Ö ungefähr 18 Prozent, aus Luxemburg etwa 46 Prozent. Bis auf wenige Ausnahmen kannten sich die Mitarbeiterinnen und Mitarbeiter der unterschiedlichen Organisationen vorher nicht. Sie sollten über die eigenen organisations- und gesellschaftskulturellen Grenzen hinweg ihre beruflichen Erfahrungen austauschen.

Der Auftraggeber aus Luxemburg wollte drei weiteren Partnerorganisationen eines EU-Leonardo-Projektes, die in einem ähnlichen Berufsfeld ihre Dienstleistungen erbringen, ein gemeinsames lernintensives Austauschforum bieten.

Die Leitlinien
auf Französisch

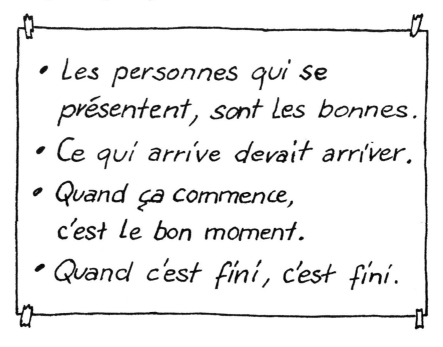

- Les personnes qui se présentent, sont les bonnes.
- Ce qui arrive devait arriver.
- Quand ça commence, c'est le bon moment.
- Quand c'est fini, c'est fini.

Die vier Organisationen griffen unsere Idee auf: Sie entschlossen sich, gemeinsam eine Open-Space-Konferenz zu veranstalten. Sie wollten als Organisationen und durch ihre Mitarbeiter voneinander lernen und von ihren Erfahrungen wechselseitig profitieren. Eine Open-Space-Konferenz als Methode schien sinnvoll, damit die Teilnehmenden selbst bestimmen können, wozu sie diese einzigartige Expertenrunde nutzen wollen. Das Moderatoren-Team bestand aus: Petra Radeschnig und Christiane Müller (ÖSB-Unternehmensberatung GmbH, Wien), Peter Greulich (ISS e.V., Frankfurt a.M.). Die folgenden Spezifika wollten wir in unserem Fall beachten:

Besonderheiten
berücksichtigen

❖ **Open Space als Form des Lernens zwischen Organisationen.**
Open-Space-Konferenzen werden oft dazu genutzt, Veränderungsprozesse in Organisationen zu bearbeiten. Betroffenheit, meist auch Energie ist bei den Beteiligten vorhanden. Die gemeinsame Fragestellung im Rahmen eines Erfahrungs- und Lernaustausches hingegen bündelt weniger Energie, die Auseinandersetzung ist »eher Luxus denn Notwendigkeit«.

❖ **Vier unterschiedliche Organisationen laden gemeinsam ein.**

Während in vielen organisationsbezogenen Open-Space-Konferenzen eine einzelne Organisation einlädt und damit auch das Anliegen, die Fragestellung und die Weiterbearbeitung bestimmt, mussten wir hier ein gemeinsames Steuerungssystem aus den vier Organisationen etablieren.

Die Open-Space-Methode ermöglicht den Teilnehmenden ein Handeln jenseits der Organisationsstrukturen (wie etwa Abteilungen oder Teams) und regt an, dass diese als Einzelpersonen gemäß ihren Interessen und Anliegen den offenen Raum nutzen. Hier hatten wir die Hypothese, dass die Teilnehmer weniger als Einzelpersonen, denn als Vertreter ihrer Organisationen wahrgenommen werden (wollen). Das bedeutet, dass die Organisationen als Gruppierungen am Open Space wirksam bleiben.

Wir fragten uns, inwieweit Konkurrenz zwischen den Organisationen eine Rolle spielen würde. So könnte es schwierig sein, persönliche Lernanliegen zu nennen, um der eigenen Organisation keine Blöße zu geben.

❖ **Internationales Setting: gesellschaftlich-kulturelle und (darin eingebettete) organisationsbezogene Unterschiede.**

Die Organisationen repräsentieren unterschiedliche gesellschaftliche Geschichte(n) und kulturelle Erfahrungen. Obgleich von Harrison Owen die Universalität der Open-Space-Methode betont wird, fragten wir uns, welchen Einfluss der jeweils unterschiedliche Kontext auf die Nutzung des offenen Raumes bzw. welchen Einfluss dieser spezifische »kulturelle Mix« auf die Open-Space-Dynamik haben könnte.

Wir gehen davon aus, dass von den vielen Unterschieden, die in sozialen Systemen wirken, jene bewusst werden, die bei der Bearbeitung einer Aufgabenstellung aktuell die größte Irritation auslösen. Im Rahmen eines professionellen Erfahrungsaustausches müssen die Teilnehmerinnen und Teilnehmer verstärkt den Kontext ihrer Erfahrung beschreiben. Das wiederum rückt die organisationsbezogenen und somit die gesellschaftlich-kulturellen Besonderheiten in den Vordergrund.

Aufgrund der gemeinsamen Vorarbeiten vermuteten wir sehr unterschiedliche Organisationskulturen. Wir beobachteten insbesondere folgende interessante Unterscheidungen, hier beschrieben als Extremausprägungen: bürokratisch-informelles Organisationsprinzip versus strukturierte Teamorientierung, hierarchieorientiertes versus autonom-chaotisches Handeln, professionelles Weiterentwickeln als Teil der Arbeit versus Weiterbildung als Input von außerhalb. Zudem zeigten sich die unterschiedlichen regionalen Kontexte (gesetzliche Vorschriften, Finanzierungsstrukturen, regionaler Arbeitsmarkt, Kulturspezifika usw.).

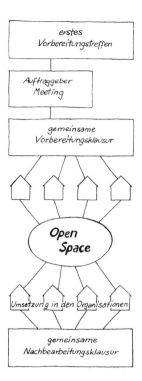

Die Idee wird umgesetzt

Vor der Open-Space-Konferenz

In einem ersten Treffen mit Vertretern von drei der beteiligten Organisationen fiel knapp ein Jahr vor dem Konferenztermin die Entscheidung, einen Open Space zu »wagen«, trotz mündlicher und schriftlicher Erklärungen unsererseits noch ohne konkrete Vorstellung, worauf man sich da einließ. Zwei Monate vor der Konferenz folgte ein organisatorisches Vorbereitungstreffen zwischen uns und dem Auftraggeber. Zentral für das Gelingen der Open-Space-Konferenz war eine 1½-tägige Vorbereitungsklausur (ein Monat vor dem Termin) mit den Geschäftsführern und teilweise Fachkräften der vier einladenden Organisationen. Auf dieser Vorbereitungsklausur wurden folgende Entscheidungen getroffen:

❖ **Endgültige Fokussierung des Ziels.**
Die Erwartungen, Wünsche und Befürchtungen zum Open Space wurden diskutiert und die Unterschiede und Gemeinsamkeiten der einzelnen Organisationen herausgearbeitet. Darauf aufbauend konnte ein für alle nützliches Ziel gefunden sowie die konkrete Fragestellung für die Konferenz formuliert werden.

❖ **Kommunikation und Information in den Organisationen im Vorfeld.**
Wie beantworten wir Nachfragen und Unsicherheiten von Mitarbeitenden à la: »Was passiert da eigentlich? Sollen wir uns vorbereiten?« Eine von allen vier Organisationen unterschriebene Einladung versprach Orientierung: Neben Informationen zum Thema und zum »Wozu«, zur Open-Space-Methode und zu organisatorischen Belangen wurde insbesondere die (repräsentative) Anzahl der Teilnehmer pro Organisation festgelegt. Da die verantwortlichen Führungskräfte diese Festlegung teilweise mit konkreten Personen im Kopf machten, erfolgte hier implizit eine Relativierung der Freiwilligkeit der Teilnahme.

❖ **Etablieren der »Gruppe der Vier« als Veranstalter-System.**
Die vier verantwortlichen Führungskräfte mussten einerseits als Veranstalter-System deutlich werden, das gemeinsam zu diesem Open Space einlädt. Andererseits sollten die Führungskräfte für ihre Mitarbeiterinnen und Mitarbeiter als Vertreter der jeweiligen Organisation sichtbar werden. Denn sie sollten auch für die Weiterbearbeitung der Ergebnisse Verantwortung tragen. Dazu wurde eine eigene Beginn- und Abschlussdramaturgie ausgearbeitet, die wir üben und wechselseitig einschätzen ließen.

❖ **Nachbearbeiten der Ergebnisse.**
Zentral erschien es uns, die Struktur einer Nachbearbeitung gerade mit diesem eher »losen« Veranstalter-System strikt zu definieren: In einem festgelegten Zeitraum werden in jeder Organisation die »Daheim-Gebliebenen« informiert und die Umsetzungsideen aus dem Open Space von den Teilnehmenden konkretisiert und weiterbearbeitet. Organisationsübergreifende Vereinbarungen wurden vor Ort getroffen.

Auch »Daheim-Gebliebene« werden informiert

Während der Open-Space-Konferenz

Einige Anmerkungen vorweg

❖ Die *Konferenzsprache* war deutsch. In der Anmoderation unterstellten wir die Unterstützung für (eher) französisch Sprechende durch andere Teilnehmende. Die Open-Space-Prinzipien und das »Gesetz der zwei Füße« waren auch in französisch an den Wänden zu sehen.

❖ Zur *Beginndramaturgie*: Nach einer kurzen Begrüßung durch den luxemburgischen Gastgeber, leitete die »Gruppe der Vier« – im Kreis verteilt sitzend – zum Thema ein: Sie fokussierten das Thema, beschrieben die eigenen Erwartungen dazu und teilten mit, wie nach dem Open Space die Ergebnisse weiterbearbeitet werden können. Erst durch das Betreten des Kreises in der Anmoderation eröffneten wir den Open Space.

❖ Am ersten Tag hatten wir auf der Zeit- und Raumtafel drei *Workshop-Einheiten* à 1½ Stunden vorgesehen, am zweiten Tag zwei mit jeweils fünf Räumen.

❖ Die *Abschlussdramaturgie* folgte dem gleichen Prinzip wie jene zu Beginn: nachdem das Mikrofon als »Talking Stick« herumgereicht wurde, erklärten wir den Open Space für geschlossen. Die »Gruppe der Vier« (Führungskräfte der vier Organisationen) beendete als Veranstalterin die Konferenz in derselben Reihenfolge wie zu Beginn. Luxemburg dankte als Gastgeber.

Was uns im Verlauf auffiel

❖ Nachdem der Raum für die Themenfindung eröffnet war, entstand vorerst ein heftiges Gemurmel. Die Teilnehmerinnen und Teilnehmer tauschten sich einige Minuten in ihren Organisationsgruppen aus. Sie saßen dazu

praktischerweise überwiegend nebeneinander. Dann erst betrat die erste Frau die Mitte des Kreises, um ihr Thema vorzustellen.

❖ Während der gesamten Themensammlung betrat der oder die Nächste den Kreis zum Vorstellen des Themas erst, wenn der vorherige Initiator sein Thema auf der Zeit- und Raumtafel verortet und den eigenen Platz wieder eingenommen hatte. Während des Wartens herrschte Stille.

❖ In der erste Workshop-Runde verließ interessanterweise keine (!) einzige Person den zu Beginn gewählten Workshop, weder vorzeitig als »Schmetterling« noch um als »Hummel« zu einem anderen Workshop zu wechseln. Diese zeitlich-örtlichen Grenzen wurden mit der Zeit weicher. Der vorhandene Freiraum wurde zunehmend genutzt.

❖ Die Abendnachrichten am ersten Tag endeten rasch. Es gab zwei Wortmeldungen, wobei eine das Nicht-Einhalten von Spielregeln monierte und sich primär an uns als Moderatoren richtete. Wir reagierten im Kreis nicht darauf. Bei einer direkten Anfrage des Teilnehmers zuvor und danach wiesen wir auf seine eigenen Handlungsmöglichkeiten hin.

❖ Die zweite Themensammlungs-Runde am Morgen des zweiten Tages: Es waren noch für mindestens sieben Themen Zeitfenster frei. Ein Thema kam hinzu, dann herrschte abwartende Stille. Nach einigen Minuten intervenierten wir spontan: Wir strichen die zweite Zeitschiene und verlängerten die erste. Vier Themen wurden in der Folge bearbeitet. Alle fanden es sinnvoll, dass wir eine Stunde früher endeten, da es vielen Wochenende- und Abreiseplänen besser entsprach.

❖ Bei den Abschlussnachrichten war die Runde voll Energie: Einige wünschten für ihre Organisation einen eigenen Open Space. Ein Teilnehmer meinte, man müsste die Open-Space-Spielregeln auf die gesamte Arbeit übertragen. Die Schlussworte fand ein anderer: »Die Leute, mit denen ich zusammengearbeitet habe, waren die richtigen. Das, was passiert ist, war genau das Richtige. Schade, dass es vorbei ist.«

Nach der Open-Space-Konferenz

Die Teilnehmerinnen und Teilnehmer der beiden deutschen Organisationen mussten sofort nach der Open-Space-Konferenz abreisen. Die anderen verlängerten die Veranstaltung bis spät in die Abendstunden. Auch dafür muss im kulturell-persönlichen Austausch Zeit vorgesehen sein. Den vier verantwortlichen Führungskräften gaben wir Leitfragen zur Evaluation und Weiterbearbeitung der Ergebnisse mit. Die Antworten darauf und die Wirkung der siebzehn Workshop-Protokolle wurden bei einer Nachbearbeitungs-Klausur – mit denselben Teilnehmenden wie in der Vorbereitungsklausur – drei Monate nach der Open-Space-Konferenz, gemeinsam ausgewertet. In dieser Klausur zeigten sich drei Ebenen der weiteren Bearbeitung:

❖ Auf der *individuellen Ebene* tauschten sich einzelne Teilnehmerinnen und Teilnehmer zum Open Space und zu fachlichen Fragen aus.

❖ Auf der *Ebene der Umsetzung in den einzelnen Organisationen* zeigte sich ein heterogenes Bild. In einer Organisation gab es eine Umsetzungssitzung mit einer konkreten Maßnahmenplanung. Eine andere nutzte die Leitfragen zu einer gemeinsamen Auswertung. Für die beiden anderen war die Klausur Anstoß, anhand der Leitfragen mit den teilnehmenden Mitarbeitern zu diskutieren.

❖ Auf der *trans-organisatorischen Ebene* wurde zum einen während der Klausur an gemeinsamen zukünftigen Projekten zu Themen wie »modulares Ausbildungssystem« oder »EIB/CAD-Traineraustausch« gearbeitet. Zum anderen wurde die Einrichtung einer Netz-Plattform (Egroup und E-Mail-Liste) vereinbart, die vorerst in einer Probephase von drei Monaten die Weiterarbeit an den Workshop-Themen ermöglichen sowie einen offenen Raum für Neues anbieten soll. Eine bildhafte Erinnerung war auch auf unserer Firmenhomepage möglich, wo zahlreiche Fotos dieser Open-Space-Konferenz zu sehen waren.

Drei Ebenen der weiteren Bearbeitung

Respekt zeigen ...

Ein Open Space weckt entweder hohe Erwartungen oder nach Erfüllung verlangende Skepsis und manchmal auch beides. »Unsere« Open-Space-Konferenz erhöhte die Spannungsbreite durch Bündelung vielfältiger Unterschiede, die das Arbeiten ausreichend bereichern und irritieren konnte. Zudem hat die Auseinandersetzung mit der Methode des Open Space einige Energie gebunden. In Zukunft werden wir in der Anmoderation die Anstrengung beim Kennenlernen des fremden Kontextes ansprechen und damit mehr würdigen.

Die *Organisationen als eigenständige Gruppierungen* blieben während des Open Space neben den Workshop-Gruppen sehr relevant: In den Pausen zogen sich die Teilnehmenden oft in diese organisationsbezogenen Gruppierungen zurück, um ihre Erfahrungen auszutauschen. Sie schienen den Teilnehmern als Sicherheits-Home-Groups in all der vorgefundenen Diversität zu dienen. Ferner wurde der Open Space auch dazu genutzt, organisationsinterne Themen abseits der Alltagshektik zu besprechen.

Dieses Gesamtsystem-Verhalten und die für uns sichtbaren Handlungen der Teilnehmernden zeigten uns die *Wirkung der unterschiedlichen Organisationskulturen* im Umgang mit Freiraum, Eigenverantwortlichkeit und offenen Dialogformen, im Einfordern von Autorität (Letztere verkörpert sowohl durch die »mitgebrachten« Führungskräfte als auch durch uns als Open-Space-Leitung) und im Sich-Einlassen-Können auf (laufende) Irritationen.

Der *gesellschaftlich-kulturelle Kontext* ließ sich von der Organisationskultur nicht abkoppeln. Wir konnten jedoch nicht verhindern, dass in uns auch das Konstrukt kultureller Stereotypen als Beobachtungsdimension auftauchte. In der Reflexion im Moderatoren-Team verglichen wir unsere Beobachtungen mit einigen bekannten Kulturstudien und fanden in der gesellschaftlich-kulturellen »Brille« ein plausibles Erklärungsmuster. Da von unserer Seite jedoch keine fundierte Forschungsbeobachtung stattgefunden hat, möchten wir an dieser Stelle nur wagen – als Österreicherinnen – beispielhaft die österreichischen kulturellen Stereotypen zu beschreiben: Der hierarchiefreie und selbst zu definierende Raum schienen die österreichischen Teilnehmenden im Vergleich zu den anderen Teilnehmenden am wenigsten nachhaltig zu irritieren. Österreichern wird in Kulturstudien die Bevorzugung von informellen Beziehungen vor formeller Macht zugeschrieben sowie eine Präferenz für situatives Vorgehen. (vgl. Hofstede 1993, Haller 1996, Feichtinger 1996 und Kakabadse 1992).

Respekt zeigten alle: Vor der eigenen Art des Handelns und vor der Eigenart der anderen. Vor dem Mitgebrachten und vor dem spontan Entstehenden. Vor dem Dranbleiben (immer schon) und vor dem »Gesetz der zwei Füße« (immer mehr). Der Raum wird weiter genutzt. Unterschiedlich. Dem Eigenen angemessen. Wir bedanken uns bei allen für diese Erfahrung.

Helena Neuhaus

Jung und engagiert

Open Space in der Mittelschule

Titel der Veranstaltung: »Die ideale Mittelschule«	
Auftragnehmerin:	Helena Neuhaus, Zukunftsgestaltung
Beauftragende Organisation:	Union der Schülerorganisation der Schweiz und des Fürstentums Liechtenstein
Branche:	Ausbildung
Anlass:	Reorganisation der Mittelschulen der Schweiz und des Fürstentums Liechtenstein aus Sicht der Schülerinnen und Schüler
Ziel:	Visionen und Umsetzungsstrategien für eine ideale Mittelschule formulieren
Dauer:	1½ Tage
Teilnehmerzahl:	80 Personen
Teilnehmerkreis:	Schülerinnen und Schüler aus Schweizer Gymnasien

Die Kontaktaufnahme

Die Stimme am Telefon klang jugendlich und gleichzeitig professionell. »Sind Sie die Frau, die Moderatorin für Open-Space-Konferenzen ist?« – »Ja, die bin ich.« Das Gespräch dauerte höchstens fünf Minuten. Der junge Mann wollte noch wissen, ob diese Methode auch für Jugendliche geeignet sei, ob ich sie zweisprachig (deutsch und französisch) durchführen könnte und wie hoch mein Honorar sein werde. Die Anfrage kam früh, im Oktober 1999. Die Open-Space-Konferenz sollte im September 2000 stattfinden, an einem Ort, der noch zu definieren war. Ein ausführlicher Artikel über die Open-Space-Methode und persönliche Unterlagen wurden wunschgemäß geschickt. Dann folgte eine Funkstille von mehreren Monaten.

Im August 2000 lebte der Kontakt wieder auf und dann ging alles sehr schnell: Datum und Ort sind bereits reserviert. Die USO (s. unten) will die Open-Space-Konferenz mit ihrer Jahresversammlung verbinden, verspricht jedoch, die Themen nicht zu vermischen, was tatsächlich gelang.

Die USO

In der USO »Union der Schülerorganisationen der Schweiz und des Fürstentums Liechtenstein« sind Gymnasiastinnen und Gymnasiasten aus den Mittelschulen der ganzen Schweiz vereinigt. Zu ihren Zielen gehört unter anderem die Förderung des Dialogs zwischen allen Bildungspartnern, wie Lernende, Lehrende, Schulleitungen und anderen Institutionen sowie auch die Schaffung von Kommunikationskanälen zur Förderung des Dialogs zwischen den einzelnen Landesteilen. Außerdem setzt sie sich für die Rechte und Interessen der Schülerinnen und Schüler auf allen Stufen ein und definiert die damit verbundenen Pflichten. Auf europäischer Ebene pflegt die USO den Erfahrungsaustausch mit anderen nationalen Dachorganisationen und fördert so die internationale Zusammenarbeit unter den Mittelschülerinnen und Mittelschülern.

Unkomplizierte Vorbereitung

Der nächste und die folgenden Kontakte fanden nicht mehr mit dem Anrufer, dem Präsidenten der USO, Thilo Tanner, statt. Weil dieser gerade mit den Vorbereitungen für das Abitur absorbiert war, übernahm ein anderes Vorstandsmitglied, Fabian Pfortmüller, die vorbereitenden Gespräche. Es bedurfte nur gerade deren zwei zu je einer Stunde. Alles Weitere wurde via E-Mail und wenigen Telefonaten koordiniert. Es ging darum, Kosten zu sparen. Die Schülerorganisation war finanziell knapp dran. Dafür versprach der Koordinator, mit Hilfe der Check- und Aufgabenlisten die gesamte administrative Arbeit selber bzw. mit Kollegen zu erledigen. Auch das gelang.

Ungebetene Gäste zwingen zum Umzug

Als Ort wurde ein altes französisches Schloss »Château Val Croissant« gewählt, etwa 1,5 Stunden Autofahrt von Dijon in Burgund entfernt, das Pfortmüller als ehemaliger Züricher Sängerknabe kannte. In der Tat ein wunderschönes altes Haus mit diversen Schlafsälen für die rund 80 Jugendlichen, die zum Open Space angereist kamen. Der viel gelobte große Musiksaal im Dachgeschoss konnte allerdings wegen Tausenden von Insekten, die sich im längere Zeit unbewohnten Schloss eingenistet haben, nicht benutzt werden. Was tun? – Zum Glück war das Wetter freundlich, zumindest am ersten Tag. Die Veranstaltung fand auf dem riesigen Vorplatz in einem einzigen großen Kreis im Freien statt. Die September-Sonne wärmte und stärkte die gute Laune.

Die Gymnasiastinnen und Gymnasiasten reisen im Verlauf des Donnerstags an. Einige Vorgespräche für die Jahresversammlung standen an. Der Abend war frei und wurde für informelle Kontakte genützt. Die Moderatorin erschien im Verlauf des Abends. Alles war so vorbereitet, wie sie es delegiert hat. Auch die Plakate mit den Leitlinien und dem »Gesetz der zwei Füße« standen bereit.

Ernsthafte Themen

Freitag, 15. September 2000 – 9 Uhr: Die jungen Leute hatten alle auf den Stühlen im Kreis Platz genommen. Neugierig blickten sie um sich und hörten der Einleitung aufmerksam zu. Das Grüppchen aus der Westschweiz saß zusammen. Jemand übersetzte leise und vermied dadurch, dass die gesamte Moderation zweisprachig erfolgen musste. Nur ausnahmsweise waren ein paar klärende Sätze nötig.

Dann ging es los: Es dauerte nicht lange, bis die ersten Personen in den Kreis kamen, ein Blatt fassten und ihr Thema anmeldeten. Ab und zu ertönte ein Buh, die Moderatorin mahnte, dass Brainstorming-Regeln gelten und dass alle Ideen ihre Berechtigung hätten. Es wurde viel gelacht, und es zeigte sich noch öfter, dass Fröhlichkeit und Ernsthaftigkeit keine Gegensätze sind. Es wurden Themen angemeldet, die man von Gymnasiasten nicht ohne weiteres erwarten würde: *»Lehrer aus der Wirtschaft«*, *»Sparpolitik«*, *»Die Privatisierung der Mittelschule«* und einige mehr.

Die Moderatorin rief nochmals auf, auch die Fantasie walten zu lassen, über die ideale Mittelschule zu träumen, Visionen zu entwickeln, die zwar heute in den Wolken scheinen, doch für künftige Schülerinnen und Schüler realisierbar seien. Ein junger Mann konterte, man müsse auf dem Boden bleiben, ansonsten gebe es nur Frustration. Staunen der Älteren über so viel Nüchternheit des Jugendlichen. Die Zukunft lasse sich gewiss nicht im Detail planen, aber sehr wohl gestalten. »Wenn du es träumen kannst, kannst du es tun«, prophezeite Walt Disney, und die Moderatorin ist überzeugt, dass Visionen die Tendenz haben, sich zu erfüllen, wenn man gezielt darauf hinarbeitet. Zum Glück sah die Mehrheit der Jugendlichen das ebenso.

Fantasie walten lassen

Arbeit, die wie Freizeit aussieht

In den Workshops gab es viele Themen, die die Fantasie anregen. Zum Beispiel »*Mitbestimmung der Schüler*«, »*Projektwochen für die Schüler*«, »*romands et allémaniques*« (West- und Deutschschweizer). Es fanden drei Workshop-Runden statt. Als Pinnwände wurde die Parterre-Fenster benützt, wo die DIN-A4-Blätter mit den Themen angeklebt wurden; die Einschreibung erfolgt mittels Post-it-Zetteln. Der »Marktplatz« nahm nur wenig Zeit und verursachte kaum Chaos, was bei zu engem Raum in einem Saal gelegentlich passieren kann. Wer einen Workshop leitete, stieg mit seinem Blatt auf einen Stuhl oder auf die Treppe. Sobald alle versammelt waren, folgten sie ihm oder ihr an ein hübsches Plätzchen im weiten Schlossgelände. Hier saßen sie entweder im Gras oder auf Stühlen und begannen sofort konzentriert mit der Arbeit.

Die Workshops erschienen den meisten zu lang

Es stellte sich heraus, dass die – sonst eher als knapp empfundenen – 1,5 Stunden pro Workshop den meisten zu lange erschien. Die meisten Gruppen beendeten ihre Arbeit nach einer guten Stunde und sonnten sich, plauderten, gingen spazieren, bis es weiter geht zur nächsten Runde ging. Dazwischen waren die Pausen und das Mittagessen. Und auch hier war der Einsatz der Teilnehmerinnen und Teilnehmer gefragt: Sie waren ja nicht in einem Hotel und mussten daher selbst für das leibliche Wohl sorgen. Drei Mitglieder vom Vorstand hatten ihre Eltern mitgebracht, die vorzügliche Gerichte zubereiteten. Den jungen Leuten wurden diverse Ämter zugeteilt, etwa Tisch decken oder Geschirr waschen, die mehrheitlich ohne Murren erledigt wurden.

Workshop-Themen

❖ Fächerverteilung im Stundenplan
❖ Föderalismus
❖ Schulleitung
❖ Konsumenten – Produzenten
❖ Schulleitung, Manager oder Lehrer?
❖ Kontakte zwischen den Kantonsschulen
❖ Curriculum
❖ Lehrer aus der Wirtschaft
❖ Die Privatisierung der Mittelschule
❖ Lehrerbeurteilung
❖ Verflechtung Schule – Wirtschaft
❖ Mitbestimmung der Schüler
❖ Projektwochen für die Schüler
❖ Sparpolitik

Zittern und …

Noch vor dem Abendessen begannen die ersten, ihre Workshop-Berichte in die PCs zu tippen. Man half und unterstützte einander. Ein fliegendes Büro war eingerichtet. Notebooks und ein leistungsfähiger Kopierer standen einsatzbereit, nur: der Drucker streikte. Längst waren alle Berichte geschrieben, die Leute saßen im Open-Air-Kino, die Moderatorin lag mit Kopfschmerzen und dem heiligen Versprechen von Fabian Pfortmüller im Bett, ein Kollege sei mit einem neuen Druckertreiber aus der Schweiz unterwegs und die Dokumentationen würden mit Sicherheit am Morgen bereit sein.

… es kommt alles gut

Am Samstagmorgen, 16. September, waren die Dokumentationen tatsächlich inklusive Inhaltsverzeichnis bereit. Die nächtliche Aktion dauerte allerdings bis in die Morgenstunden. Das Organisationsteam schaffte es gerade noch, knapp zwei Stunden zu schlafen, bevor das Open Space in die letzte Runde geht. Und diesmal machte das Wetter nicht mehr mit. In der Nacht hatte es stark geregnet, ein paar Unermüdliche brachten glücklicherweise die Stühle ins Haus. Nach dem Frühstück wurde das Restaurant notfallmäßig zum Open-Space-Saal umgewandelt, der Raum war etwas knapp, aber es ging.

Sechs Themen wurden ausgewählt, die in erster Priorität umgesetzt werden sollten. Das war vernünftig, denn mehr würde die Kräfte der Gymnasiastinnen und Gymnasiasten übersteigen. An dieser Stelle muss vermerkt werden, dass sie diese Arbeit freiwillig und in ihrer Freizeit leisteten. Das ist umso bemerkenswerter, als viele von ihnen, die kurz vor der Matura (dem Abitur) stehen oder höchstens noch ein Jahr vor sich haben, nicht mehr von den Projektergebnissen profitieren werden. Dennoch wurde mit viel Elan und Einsatzbereitschaft gearbeitet, auch nach dem Open Space.

Sechs Themen wurden ausgewählt

Im Verlauf des Vormittags drückte die Sonne wieder hinter den Wolken hervor; so konnte die Abschlussrunde draußen stattfinden. Die Gruppen präsentierten ihre Projektentwürfe. Sie waren viel versprechend, klar und realistisch. Jetzt machte das Mikrofon die Runde für das Schluss-Feedback. Was hat dieses Open Space gebracht? Einige zogen es vor, nichts zu sagen. Einige meinten, es habe viel Spaß gemacht, auf diese Art zu arbeiten. Andere waren in Bezug auf Umsetzung etwas skeptisch und wieder andere zeigten Begeisterung und Vertrauen, dass diese Projekte tatsächlich Zukunft hätten. Es war 12

Uhr. Die Open-Space-Konferenz wurde pünktlich abgeschlossen. Das Mittagessen stand bereit.

Die Jahresversammlung war für den Nachmittag vorgesehen. Am Abend gab es ein Fest und am Sonntagmorgen wurde abgereist. Es hatte sich glücklicherweise gezeigt, dass sich die Kombination von Open Space und Jahresversammlung nicht negativ auf die Stimmung bzw. die Ergebnisse ausgewirkt hatte. In der Regel ist es nämlich nicht ratsam, eine Open-Space-Konferenz, die ja primär ein hoher kreativer Akt ist und in die Zukunft blickt, mit Alltagsgeschäften oder mit Fachreferaten zu verknüpfen. Wenn es denn sein muss, dann ist eine klare zeitliche und räumliche Abgrenzung der beiden Themen ganz besonders wichtig.

Fruchtbare Ergebnisse: Vier Monate später

Knapp vier Monate nach der Veranstaltung hatte sich viel getan. Hier einige Zwischenergebnisse waren: In der Westschweiz wurde ein kantonaler Dachverband gegründet. Die USO hatte beim Kantonsrat von Waadt den Antrag auf Gründung eines zweisprachigen Gymnasiums gestellt. Außerdem wurde ein Konzept entwickelt, das den privaten Austausch oder den Austausch ganzer Klassen vereinfachen sollte. Spannend war auch die Bildung der Vereinigung »GEM« (Gymnasien En Mouvement) im Kanton Waadt, die sich folgende vier Ziele setzt:

❖ »Wir wollen die Gymnasiasten informieren über das Leben in den Gymnasien.
❖ Wir wollen sie verteidigen und vertreten.
❖ Wir wollen sie informieren über Politik und das Leben in der Schweiz.
❖ Wir wollen die Einstellung und Beziehung zur deutschsprachigen Schweiz verbessern.«

Die Arbeitsgruppe »Projektwoche« war vor allem im Kanton Zürich sehr aktiv. Der Kantonale Dachverband (ZSO) der USO hatte bereits mit dem Regierungsrat und zuständigen Erziehungsdirektor Ernst Buschor gesprochen. Im April 2001 fand in Zürich ein Workshop statt, wo Schüler, Schülerorganisationen, Lehrer und Schulleitungen vertreten waren. Das dort erarbeitete Ergebnis wurde dann weiterverwendet für eine Empfehlung an sämtliche Mittelschulen. Dass daraus mehr als nur eine Empfehlung wurde, dafür kämpfte die Projektgruppe stark. Die Arbeitsgruppe »Kontakt zwischen Schulen« hatte eine neue Homepage erstellt, die künftig als Plattform für eine Kommunikation zwischen den Mittelschulen dienen wird. Die Arbeitsgruppe »Föderalismus« hatte sich die anspruchsvolle Aufgabe gestellt, ein Konzept zu erarbeiten, das als Diskussionsgrundlage gesamtschweizerisch an alle Bildungspartner verschickt werden sollte. Als längerfristiges Ziel wurde eine Initiative geplant, die in etwa drei bis sechs Jahren realisiert werden soll.

Auch langfristig wurde geplant

Fazit

Zwei Fragen werden bei der Planung einer Open-Space-Konferenz oft gestellt:

❖ Eignet sich die Methode, die von den Teilnehmenden einen hohen Grad von Selbstständigkeit und Selbstverantwortung verlangt, auch für Jugendliche bzw. für Menschen, die keine Erfahrung mit Projektarbeit haben?
❖ Eignet sich die Methode für »offene Systeme«, zum Beispiel für das Gesundheits- und das Bildungswesen oder für andere Personengruppen, die im Alltag nicht zusammen arbeiten?

Das Resultat des USO-Open-Space ist ein klarer Beweis dafür, dass beide Fragen mit einem eindeutigen Ja beantwortet werden können:

❖ Ja, die Methode Open-Space-Konferenz ist auch für Jugendliche geeignet. Sie handeln verantwortungsvoll und brauchen dazu keine Aufsicht. Der große Freiraum, der die Open-Space-Konferenz bietet, wird genutzt und nicht missbraucht.
❖ Ja, die Methode Open-Space-Konferenz eignet sich auch für »offene Systeme«. Die einzige Voraussetzung ist, dass alle Beteiligten eine gemeinsame Vision vor Augen haben und vom Wunsch beseelt sind, über Organisations- und Regionsgrenzen hinweg an deren Realisierung zu arbeiten.

In einer Open-Space-Konferenz geht es darum, ein Thema zu haben, das lockend genug ist, um Beteiligte zum Mitdenken zu gewinnen. Dazu müssen die Organisatoren nur einen Raum zur Verfügung stellen und einen Rahmen vorgeben, danach gilt es, loszulassen und zu vertrauen. Wenn eine Geschäfts- oder Organisationsleitung dazu bereit ist, kann sie eigentlich nur noch darüber staunen, wie viel Wissen, Fantasie und Engagement in den Leuten vorhanden ist. Und auch zur Umsetzung kommt es, wobei auch hier Raum, Zeit und Mittel zur Verfügung gestellt werden müssen.

Burkhard Bösterling und Iris Brünjes

Open Space

Ein erster Prozessschritt in der Verwaltungsreform

Titel der Veranstaltung: Einstieg in die Organisationsreform	
Auftragnehmer/in:	Burkhard Bösterling, Iris Brünjes, Universität Hannover
Auftraggebende Organisation:	Fachhochschule Hildesheim/Holzminden/Göttingen
Branche:	Bildung
Anlass:	Gewachsene Eigenständigkeit der Fachhochschule, starkes Wachstum der Studentenzahl, modernisiertes Studienangebot, verstärkte Forschungsförderung, neue und anspruchsvollere Aufgaben der zentralen Verwaltung bei alten Strukturen
Ziel:	Verwaltung als Dienstleister entwickeln
Dauer:	2 Tage
Teilnehmerzahl:	90 Personen
Teilnehmerkreis:	Alle Mitarbeitenden der Verwaltung und zentralen Einrichtungen (Bibliothek, Rechenzentrum etc.), das Präsidium, die Frauenbeauftragte sowie Repräsentanten des Personalrates, der Studierenden und der Professoren

Das Projekt: Organisationsreform

Der Zusammenhang

Die Fachhochschule Hildesheim/Holzminden/Göttingen hat die neu gewonnene Eigenverantwortlichkeit und politische Förderung der Fachhochschulen in Niedersachsen offensiv genutzt und ist in den 90er-Jahren stark gewachsen. Die Zahl der Studierenden stieg um 51 Prozent während die Fachhochschulen in Niedersachsen insgesamt nur 14 Prozent zulegten. Das Studienangebot wurde ausgebaut, für neue Berufsfelder wurden attraktive Qualifizierungs-

möglichkeiten geschaffen. Ein Globalhaushalt erhöhte die finanziellen Selbst-
steuerungsmöglichkeiten der Fachhochschule und die Reaktionsfähigkeit auf
Veränderungen im gesellschaftlichen Umfeld und am Markt.

In dieser Situation wurden Wachstumsspannungen zwischen der quantitativen und qualitativen Entwicklung der Fachhochschule einerseits sowie
den vorhandenen dienstleisterischen Binnenstrukturen andererseits spürbar.
Das Präsidium (Präsident, zwei Vizepräsidenten und Kanzler) griff diese
Spannungen auf und skizzierte Anfang 2000 ein Projekt zur Organisationsreform. Kernpunkte dieses Projektes waren

Wachstumsspannun-
gen erfordern eine
Organisationsreform

* ❖ die Überprüfung und Anpassung der Strukturen und Aufgaben der Verwaltung und zentralen Einrichtungen der Fachhochschule als Dienstleister
  für die Fachbereiche und Studierenden,
* ❖ die Weiterbildung der Mitarbeitenden für die neuen Anforderungen sowie
* ❖ die Unterstützung dieses Reformprozesses durch interne wie externe Bera-
  tungsleistungen.

Das Präsidium betonte, dass ihnen die Teilnahme der Mitarbeiterinnen und Mitarbeiter sowie die Entwicklung eines neuen Führungsverständnisses besonders am Herzen liege.

Prozessdesign

*Drei Planungs-
gespräche*
Das Design für den Gesamtprozess des Projektes Organisationsreform und die darin eingebettete Open-Space-Konferenz entstand in drei halbtägigen Planungsgesprächen zwischen dem Präsidium und uns, dem Beraterteam.

Das Erstgespräch (Mai 2000) diente der Analyse der Ausgangssituation, der Klärung wechselseitiger Erwartungen sowie der generellen Projektkonzeption. Das Präsidium wirkte entschlossen, weitere Reformschritte zu gehen. Die bestimmenden Gedanken waren: Aufbruch und Neues entwickeln, Chancen und Schwung nutzen, Energien eine gemeinsame Richtung geben, Strukturen anpassen, Mitarbeiter einbeziehen, Menschen fördern. Sie überwogen die nachdenklichen Fragen, ob die Mitarbeiter diesen Weg mitgehen würden.

Das Beraterteam skizzierte mögliche Strukturen des Projektes. Ein Einstieg über eine Open-Space-Konferenz – Kenntnisse oder Erfahrungen dazu lagen im Präsidium nicht vor – wurde einer klassischen Projektorganisation (Projektgruppe, Einzelworkshops in verschiedenen Teilbereichen etc.) unmittelbar bevorzugt. Die Attraktivität lag unseres Erachtens in der generellen inhaltlichen Offenheit, der symbolischen Auflösung von Organisationsstrukturen für die Dauer der Konferenz sowie in der Chance zur Partizipation aller Verwaltungsmitarbeiter.

Zielklärung und Projektstruktur

Das Beraterteam fasste die bisherige Diskussion in einem Angebot zusammen, entwickelte die Projektstruktur und schaffte damit die Basis für die weiteren Planungsgespräche. Den Einstieg in das Projekt sollte nun eine zweitägige Open-Space-Konferenz bilden, auf der die Mitarbeitenden der Hochschulverwaltung ihre Perspektiven, Ideen, Wünsche und Befürchtungen in den Prozess einbringen konnten. Die Ergebnisse sollten am Ende der Konferenz in Aufgaben für Teilprojekte gebündelt werden und der Rahmen für die weitere Bearbeitung abgesteckt werden. Ein nahtloser Übergang der Konferenzergebnisse in die Projektstruktur war das Ziel. Den weiteren Prozess würde eine Lenkungsgruppe steuern. Eine Koordinatorin würde die Teilprojekte und die

Lenkungsgruppe unterstützen. Sie würde inhaltliche Brücken herstellen und den Gruppen über Klippen hinweghelfen.

Den Kern der Open-Space-Konferenz würden alle Mitarbeiter der Verwaltung sowie der zentralen Einrichtungen (Bibliothek, Rechenzentrum etc.) der Hochschule (ungefähr 80), das Präsidium, zwei Mitglieder des Personalrates und die Frauenbeauftragte bilden. Mindestens vier hierarchische Ebenen sollten auf der Konferenz gemeinsam arbeiten. Als Teil der relevanten Umwelt der Fachhochschulverwaltung würden die Kundengruppen Studierende und Professoren eingeladen werden. Zwei Studierende sollten vom ASTA delegiert und die drei Standorte der Hochschule von jeweils drei Professoren vertreten werden.

Vier Hierarchieebenen

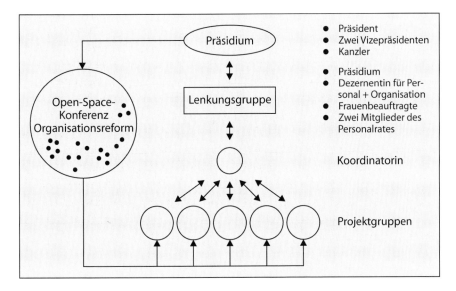

Als Zielsetzung für den Prozess wurde vom Präsidium eine stärkere Dienstleistungs- und Kundenorientierung der Verwaltung sowie die Unterstützung des qualitativen wie quantitativen Wachstums der Hochschule bei gleich bleibenden Personalmitteln definiert. Das Feindesign der Open-Space-Konferenz wurde schließlich auf der Basis eines detaillierten Konzeptes des Beraterteams mit dem Präsidium und der Koordinatorin entwickelt.

Im Laufe der Planungsgespräche war spürbar, wie die Auseinandersetzung mit den Prinzipien und Haltungen von Open Space bereits auf die Qualität der Gespräche wirkte. Die Offenheit der Kommunikation nahm zu, Führung als möglicher Problemkomplex der Konferenz wurde thematisiert und Befürchtungen wurden angesprochen.

Prinzipien und Haltungen von Open Space wirken

Die Open-Space-Konferenz

Das Open-Space-Design

Die Arbeit der zwei Tage wurde bestimmt durch das folgende Design:

Zeitplan (19.9.2000)	
Motto: »Standortbestimmung und Perspektiven«	
9.00	Ankommen, Musik im Hintergrund, Begrüßung durch den Präsidenten
9.10	Anlass und Ziele des Projektes und der Konferenz (Präsidium, vier Statements)
9.30	Anfreunden mit dem Thema, Impulsfragen für Dreier-Gruppen
9.45	Einführung in das Open-Space-Arbeitsform und Agenda
11.00	Workshop-Phase I
12.30	Mittags-Büffet
13.30	Workshop-Phase II
15.00	Präsentation und Austausch im moderierten Fishbowl
16.00	Abendnachrichten und Ausblick auf den nächsten Tag
Zeitplan (20.9.2000)	
Motto: »Wege und Strategien«	
9.00	Einführung in die Agenda für den zweiten Tag
9.30	Workshop-Phase III
11.00	Workshop-Phase IV
12.30	Mittags-Büffet
13.30	Austausch, Verdichtung, Priorisierung, Themen in Projekte gießen und erste Projektschritte gehen

Kern der Konzeption

Im Folgenden werden wir uns auf einige konzeptionelle Besonderheiten dieser Konferenz konzentrieren. Sie ergaben sich aus unserer spezifischen Interventionsplanung, die die Ziele, Situation und Prozessfortschritte der Fachhochschule stimmig aufgreifen sollte.

❖ **Für jeden Tag eine eigene Agenda.**
Wir haben der Konferenz zwei Blickwinkel mit auf den Weg gegeben. Der erste Tag stand unter dem Motto »*Standortbestimmung und Perspektiven*«. Dieser Ausrichtung folgend, hatten die Ausgangssituationen, Problemlagen, Trends und Kontexte der Fachhochschule ein großes Gewicht. Themen dieses Tages waren beispielsweise, die *Frage nach einer gemeinsamen Corporate Identity, zukünftige Perspektiven für die Fachhochschule, Synergieeffekte der drei Standorte, Angst vor Vorgesetzten, Teamarbeit, Weiterbildung* und *Motivation*. Zwei Themen durchzogen den Informationsaustausch über die Workshops-Ergebnisse wie ein roter Faden: *interne Kommunikation* und *Führungsverständnis*.

Kern des ersten Tages: interne Kommunikation und Führungsverständnis

Der zweite Tag begann mit einer kurzen Zusammenfassung und einem Schwenk auf den neuen Focus »*Wege und Strategien*«. Ähnlich der Zukunftskonferenz haben wir die Teilnehmenden ermutigt, den Blick für konkrete Ideen, Lösungsansätze und Wege zu schärfen. Leicht und mit viel Energie formulierten die Anwesenden neue oder vertiefende Workshop-Themen. Nun wurde konkret an *neuen Organisationstrukturen* gearbeitet, Möglichkeiten einer besseren Gestaltung der *Führungsbeziehungen* sondiert, *Förderung von Motivation, Teamgeist und Teamstrukturen* erkundet und *Maßnahmen zur besseren Informationsflussgestaltung* entwickelt. Die Einstimmung in die jeweilige Agenda wurde durch themenbezogene Impulsfragen unterstützt.

Zweiter Tag: neue Organisationsstrukturen

❖ **Fishbowl zur Zusammenfassung des ersten Tages.**
Die Ergebnisse der Workshops des ersten Tages wurden gemeinsam in einem Fishbowl diskutiert (s. unten). Die vom Beraterteam visualisierte Zusammenfassung der Diskussion gab eine gute Überleitung für den nächsten Tag.

Fishbowl

Ein Fishbowl fasst Repräsentanten des Gesamtsystems in einem Innenkreis zusammen. Im Außenkreis sitzen die übrigen Teilnehmer. Diese können punktuell in die Diskussion des Fishbowls eingreifen. Den Innenkreis bildeten in diesem Fall das Präsidium, je ein Repräsentant der Workshops sowie das Beraterteam, das die Diskussion moderiert. Es standen weiterhin zwei leere Stühle zur Verfügung, auf denen Interessierte aus dem Außenkreis auf Zeit Platz nehmen und die Diskussion mit ihren Beiträgen bereichern konnten. Der Fishbowl trägt dazu bei, die einzelnen Workshop-Themen miteinander zu verbinden, Gemeinsamkeiten festzustellen und erste Schwerpunkte zu beschreiben.

❖ **Die Ergebnisse in eine Projektstruktur gießen.**

Um die bisherigen Ergebnisse für den weiteren Prozess gut nutzen zu können, wurde am Nachmittag des zweiten Tages eine Phase der Konvergenz und Priorisierung eingeführt. Jeder Teilnehmende gewichtete mit fünf Klebepunkten die Themen, die vorrangig in Projektgruppen weiterbearbeitet werden sollten. So entstanden die Top-Five-Themen, *Informationsfluss und Führung, Führungsverständnis und -qualifizierung, Veränderung der Organisationsstrukturen, Identifikation/Motivation, Einsatz neuer Medien* und *Optimierung der Arbeitsabläufe.*

Die Teilnehmenden bildeten Projektgruppen zu den einzelnen Themen und stiegen mit folgenden Leitfragen in die Projektarbeit ein: »Was wollen wir als Nächstes tun? Auf was wollen wir besonders achten? Welche Ressourcen haben wir, welche brauchen wir noch? Wer arbeitet bei uns mit? Wer sollte noch angesprochen werden? Wer ist Projektansprechpartner? Wann treffen wir uns das nächste Mal?« Auf diesem Wege konnte es gelingen, einen guten Übergang der Ergebnisse der Open-Space-Konferenz in den weiteren Prozess zu schaffen – eine häufig brüchige Klippe.

❖ **Redaktionsteam sondiert umsetzungsreife Ideen.**

Im Laufe der Konferenz sind viele kleine und große Ideen entstanden, die schon eine hohe Umsetzungsreife hatten. Andere wurden immer wieder angesprochen, sind jedoch bis dahin in der Umsetzung hängen geblieben. Da diese Themen aber nicht automatisch in den Projektgruppen behandelt wurden, bildete sich ein Redaktionsteam, das die Aufgabe übernahm, anhand der ausführlichen Dokumentation der Konferenz diese immer wieder auftauchenden Ansätze herauszufiltern und sie auf ihre Umsetzbarkeit zu überprüfen und dazu einen Vorschlag für die Lenkungsgruppe zu erarbeiten.

Der weitere Prozess

Zwei Monate nach der Open-Space-Veranstaltung zeigte sich folgendes Bild:

❖ Mit Hilfe eines Berichtes der Pressesprecherin der Fachhochschule, der die Konferenz inhaltlich wie atmosphärisch sehr anschaulich erfasste, wurden alle Mitglieder der Fachhochschule über die Konferenzergebnisse informiert.

❖ Die Redaktionsgruppe hatte unmittelbar nach der Veranstaltung die Workshop-Ergebnisse auf direkt realisierbare Vorschläge und Ideen durchgesehen und vieles, das »längst reif« für die Umsetzung war, auf den Weg gebracht.

❖ Alle Projektgruppen organisierten sich selbst. Je nach Thema machten sie unterschiedlich schnelle Fortschritte. Die Koordinatorin hielt Kontakt zu den Gruppen, unterstützte sie methodisch und dokumentierte die Ergebnisse.

❖ Die Lenkungsgruppe steuerte den Prozess. Sie gab inhaltliche Impulse, zum Beispiel in Form von Fragen, verteilte weitere Aufträge oder bereitete »reife« Themen zur Entscheidung des Präsidiums vor.

❖ Das Präsidium informierte sich kontinuierlich über den Prozess und entschied über konkrete Vorschläge der Lenkungsgruppe.

❖ Ein internes Mitteilungsblatt der Fachhochschule war in Planung. Dieses sollte die Mitarbeiter der Fachhochschule kontinuierlich über die Ergebnisse des Projektes »Organisationsreform« informieren.

❖ Unmittelbar nach der Open-Space-Konferenz hat das Präsidium einen Führungskonflikt aufgegriffen und eine zunächst vorläufige organisatorische Regelung getroffen.

❖ Die Projektgruppe *Führung – Führungsverständnis – Qualifizierung* arbeitete an Auswahlkriterien für Führungskräfte und an einem Führungskräfteentwicklungsprogramm.

❖ Im ersten Quartal 2001 zogen Repräsentanten der Projektgruppen, die Lenkungsgruppe und das Beraterteam eine erste Zwischenbilanz und stimmten notwendige Schritte des weiteren Prozesses ab.

Resümee aus Beratersicht

Für die hier beschriebene Open-Space-Konferenz haben sich folgende Aspekte als sehr förderlich erwiesen:

❖ Das Präsidium der Fachhochschule hat sich *gemeinsam* intensiv mit dem Prozess der Organisationsreform, darin enthaltend die Open-Space-Konferenz, auseinandergesetzt und sich zu diesem Prozess positioniert. Es hat in der Vorbereitung der Konferenz zu Offenheit und Kritik seitens der Betroffenen ermutigt und ist dabei ein Risiko eingegangen, was letztlich belohnt wurde.

❖ Die Teilnehmenden der Konferenz haben der Ermutigung vertraut und der gemeinsame Gewinn war, dass Themen, die bis dahin nicht kommunizierbar schienen, sichtbar und bearbeitet wurden.

Förderliche Aspekte

❖ Durch eine frühzeitige Klärung der Projektstruktur blieb die Perspektive auf den Gesamtprozess vor Augen, in den die Open-Space-Konferenz den inhaltlichen und motivationalen Einstieg bildete. Gleichzeitig zeigte die Projektstruktur den Teilnehmenden ihre weiteren Mitgestaltungsmöglichkeiten auf.

❖ Die Einbeziehung der relevanten Umwelten (Studenten und Professoren) der Fachhochschule in den Teilnehmerkreis der Konferenz war äußerst nützlich. Sie könnte methodisch sogar noch stärker unterstützt werden, indem eine Möglichkeit für Feedback gegeben wird.

Abschließend bleibt noch eine spannende methodische Frage, die uns eine Teilnehmerin zwei Monate nach der Konferenz stellte: »Wie kann man immer wieder den Kontakt zu diesem positivem Gefühl der Konferenz herstellen?« Ihre Beantwortung scheint ein wichtiger Schlüssel für die Tragfähigkeit und Nachhaltigkeit von Prozessen zu sein, die durch eine Open-Space-Konferenz angestoßen worden sind.

Matthias zur Bonsen

Open Space – Was passiert danach?

Dieser Beitrag beschäftigt sich auf Grund der Erfahrungen des Autors aus vielen Open-Space-Konferenzen mit der Frage, wie die Umsetzung der Ergebnisse einer Open-Space-Konferenz am besten gefördert werden kann. Die Erfahrungen wurden primär in Unternehmen gewonnen, lassen sich jedoch auch auf andere Organisationen übertragen.

»Was passiert nach der Open-Space-Konferenz? Was wird umgesetzt? Wie unterstützen Sie das?« Das sind so ziemlich die häufigsten Fragen, die einem gestellt werden, wenn man die Open-Space-Methode vorstellt. Und zu Recht.

Denn es ist vergleichsweise einfach, wenn die Randbedingungen stimmen, eine Konferenz durchzuführen, die die Teilnehmer begeistert. Doch was passiert dann?

Meine Erfahrungen zu dieser Frage basieren auf einer Reihe von Open-Space-Konferenzen mit 50 bis 550 Teilnehmern, die ich in den vergangenen fünf Jahren – primär in Unternehmen – begleiten durfte. Am Anfang war ich fast naiv, was die Umsetzung betraf. Ich ging davon aus, dass die Initiatoren, die in der Konferenz den Mut und die Energie aufgebracht haben, ein Thema zu platzieren, auch nach der Konferenz mit so großer Leidenschaft dabei wären, dass sie trotz allfälliger Widerstände ihr Thema voranbringen würden. Gelernt habe ich jedoch rasch, dass Menschen, die sich in der Open-Space-Konferenz legitimiert fühlen, ein Thema zu nennen, sich noch lange nicht legitimiert fühlen, auch danach daran zu arbeiten. Denn da ist die Alltagsarbeit, die bekanntlich immer Vorrang hat, da ist der Vorgesetzte, der vielleicht gar nicht an der Open-Space-Konferenz teilgenommen hat. Da sind Beurteilungssysteme, welche die Aufgaben, die man sich aus eigener Initiative vornimmt, überhaupt nicht honorieren.

Dann ist die Open-Space-Konferenz auch immer »safe space«. Hier ist der Raum sicher, man kann jedes Thema nennen und mit jedem über alles reden. Doch kaum ist sie vorbei, hat es auch mit der Sicherheit ein Ende. Da passiert es schon, dass jemand, der im Open Space ein Thema genannt hat, das anderen im Unternehmen nicht behagte, hinterher angeschossen wird, wenn der

Viele Gründe, nicht weiter zu machen

Bericht in der Organisation die Runde macht bzw. im Intranet einsehbar ist. Und das trägt keinesfalls dazu bei, dass derjenige sich für das Thema legitimiert fühlt, nun tatsächlich etwas tut.

Vom Reden zum Tun

Legitimation zum Handeln gewährleisten

Ich überlegte, was schon während der Konferenz getan werden kann, um die »Legitimation zu handeln« für alle Beteiligten zu erhöhen. Eine erste Antwort war sehr nahe liegend. Sie bestand darin, mehr Wert darauf zu legen, dass in Open-Space-Konferenzen die so genannte »Konvergenzphase« nicht weggelassen wird. In dieser Phase, die typischerweise am dritten Tag der Konferenz stattfindet, werden alle Themen priorisiert, ähnliche Themen zusammengelegt und zu den wichtigsten zehn (oder sieben) Themen nächste Schritte geplant. Wenn nun in dieser Phase für alle sichtbar wird, dass eine Reihe von Themen die breite Unterstützung der großen Gruppe haben, dann ist die »Legitimation zu handeln« vermutlich da. Bestätigt wird diese Vermutung zumindest durch meine Beobachtung, dass diejenigen meiner Open-Space-Konferenzen, die zu dem größten Umsetzungserfolg führten, die zweieinhalbtägigen waren, in denen die Konvergenzphase nicht fehlte.

Zu einer zweiten Antwort führten Beobachtungen, wo die Auftraggeber der Konferenz es noch während derselben zustande brachten, die »Legitimation zu handeln« zu verringern. Einmal äußerte sich ein Geschäftsführer am Ende der Konferenz hochzufrieden, sagte aber auch – völlig unabgesprochen – vor den etwa dreihundert Teilnehmern, jetzt müsse »man« (gemeint war die Geschäftsleitung) die fünf wichtigsten Themen aussuchen, um sich auf diese zu konzentrieren. Obwohl die Idee der Konvergenz stimmt und gut gemeint war, ging die Energie im Raum spürbar nach unten. Denn nun war klar, dass nicht mehr alle (Menschen und Themen) bei der Umsetzung gefragt waren und dass die Geschäftsleitung allein bestimmt, was wichtig ist und was nicht.

Seitdem lege ich im Vorfeld mit dem Auftraggeber präzise fest, was er am Ende der Konferenz sagt. Und wir verteilen das, was er sagt, auch in Schriftform an alle Teilnehmer. Denn so hat jeder ein Papier, auf das er sich berufen kann. Die Aussagen des Auftraggebers und der Inhalt dieses Papiers sind nicht immer gleich, sondern werden auf den jeweiligen Fall zugeschnitten. Doch folgendermaßen können sie aussehen.

Aussagen der Leitung auf der Konferenz zum Follow-up

Die nachfolgenden oder ähnliche Aussagen sagt der Auftraggeber gegen Ende der Open-Space-Konferenz:

❖ Der Geschäftsleitung liegt sehr viel daran, dass die Ideen und Pläne dieser Konferenz umgesetzt werden.

Klare Aussagen zum Follow-up machen

❖ Die entstandenen Gruppen dürfen weiterarbeiten – es ist o.k., wenn sie sich wieder treffen und Zeit für ihre Themen verwenden.

❖ Die Umsetzung ist jedoch kein »Muss« – niemand, der das nicht will, ist dazu verpflichtet, in einer Gruppe weiterzuarbeiten.

❖ Die Gruppen dürfen fusionieren und/oder neue Teilnehmer aufnehmen. Das »Gesetz der zwei Füße« gilt auch nach dieser Konferenz.

❖ Wenn Ihre Ideen keine zusätzlichen Ressourcen und keine zentralen Entscheidungen brauchen, können die Aktionsgruppen selbstverständlich handeln, ohne jemanden zu fragen.

❖ Wenn jedoch zusätzliche Ressourcen oder Entscheidungen der Geschäftsleitung benötigt werden, dann brauchen die Gruppen einen Auftraggeber.

❖ Die Geschäftsführer werden sich je eine Gruppe auswählen, für die sie selbst der Auftraggeber und »Pate« sein werden.

❖ Der Einsatzwille der Aktionsgruppen wird immer gewürdigt. Ihnen wird kein Thema gegen Ihren Willen abgenommen. Es kann allerdings sein, dass Themen mit Aktivitäten, die bereits laufen, vernetzt werden müssen.

❖ Wir werden die Gruppen, die weiterarbeiten wollen, dabei unterstützen, einen professionellen Projektvorschlag zu erstellen, auf dessen Basis wir eine Entscheidung über Ressourcen treffen können. Dazu ist schon ein so genannter »Vorbereitungstag« vorgesehen, nämlich der … Unser Moderator wird an diesem Tag mit ein oder zwei Vertretern aller Gruppen, die weiterarbeiten wollen, zusammenarbeiten.

❖ Wiederum eine Woche später wird sich die Geschäftsleitung Zeit nehmen, um sich alle Projektvorschläge vorstellen zu lassen und die notwendigen Entscheidungen zu treffen.

❖ Als Geschäftsleitung wissen wir, dass es ein erhebliches zusätzliches Engagement bedeutet, sich neben der Alltagsarbeit für ein Thema einzusetzen. Wir können Sie nicht von Ihrer regulären Aufgabe freistellen, doch wir können das, was Sie tun werden, wertschätzen. Und das versprechen wir. Wir werden als Geschäftsleitung Zeit aufwenden, um uns sowohl am Anfang Ihre Pläne wie auch am Ende Ihre Ergebnisse vorstellen zu lassen.

❖ Ein Geschäftsleitungsmitglied wird die Gruppen auch permanent begleiten und in regelmäßigen Abständen mit den Leitern aller weiterarbeitenden Gruppen zusammentreffen. Zusammen werden diese eine Steuergruppe bilden.

❖ Schließlich verspreche ich, dass wir uns nach spätestens acht Monaten alle wieder treffen werden, sei es zu einem zweistündigen Review-Meeting oder zu einer neuerlichen Open-Space-Konferenz. Und da werden alle, die das wollen, die Gelegenheit erhalten, uns zu zeigen, was durch ihre Initiative entstanden ist.

Klarheit über des Follow-up vermitteln

Der letzte Satz löst regelmäßig Beifall aus. Denn er zeigt, dass es der Geschäftsleitung mit der Umsetzung wirklich ernst ist. Und diese Frage, wie ernst meint es die Leitung und wie geht es weiter, stellen sich die Teilnehmer nach meiner Beobachtung schon früh in einer Konferenz. Am Anfang noch ungläubig sind sie schon nach einem halben Tag begeistert von den Diskussionen und Ergebnissen und wollen wissen, wie es weitergeht. Da kommt dann immer wieder mal jemand auf den Moderator zu und fragt, ob man sich schon Gedanken zum Follow-up gemacht habe. Um diese Frage vorwegzunehmen, erstelle ich inzwischen ein großes Plakat, dass den ganzen Ablauf zeigt. Ab dem zweiten Tag der Konferenz wird es an gut sichtbarer Stelle aufgestellt, sodass jeder darauf stößt.

Nachlese mit der Leitung

Reflektieren, was durch die Open-Space-Konferenz gelernt wurde

Die erste Aktivität nach der Open-Space-Konferenz in dem Ablauf ist die »Nachlese mit der Leitung«. Sie findet im Idealfall direkt am nächsten Tag statt, wenn die Eindrücke noch frisch sind. Drei bis vier Stunden Zeit sollten zur Verfügung stehen.

Der erste Tagesordnungspunkt ist ein Rückblick auf die Konferenz. Auf folgende Fragen geht dabei jeder aus dem Leitungsteam ein:

❖ Wie habe ich die Konferenz erlebt?
❖ Was habe ich durch die Konferenz über die Organisation gelernt?
❖ Was habe ich durch die Konferenz über das Management gelernt?
❖ Wie fühle ich mich jetzt?

Die zweite und dritte Frage zielen auf das, was gelernt wurde, und machen nebenher bewusst, dass es Lernen in Organisationen gibt. Das Leitungsteam erhält in der Regel durch eine Open-Space-Konferenz eine Fülle von Informationen über sich und die Organisation.

Die Themen, die hier zu Tage treten, können ganz unterschiedlich sein. In einem Fall sagten mehrere, durch die Open-Space-Konferenz sei ihnen klar geworden, dass die Leitung nicht als Team wahrgenommen würde. In einem anderen Fall wurde deutlich, dass es der Leitung nicht gelungen war, ihre Strategie verständlich zu kommunizieren. In einem dritten Fall zeigte sich, dass die Leitung im Betrieb zu wenig sichtbar würde. Jedes Mal führten diese Erkenntnisse zu wichtigen Konsequenzen.

Die Frage nach den Gefühlen wird gestellt, weil auch eine Konferenz, die großartig gelaufen ist und viel Beifall gefunden hat, bei den Auftraggebern ein breites Spektrum von Gefühlen hervorrufen kann. Vielleicht hat die Konferenz deutlich gemacht, dass weit reichende Veränderungen erforderlich werden. Vielleicht sind durch sie eine oder mehrere »Leichen aus dem Keller« geholt worden (was regelmäßig in Open-Space-Konferenzen geschieht). Solche Dinge lösen nicht nur Freude aus. Da macht es dann Sinn, sich darüber klar zu werden, wie man sich jetzt fühlt.

Als Nächstes diskutiere ich mit den Mitgliedern der Leitung, ob es aus ihrer Sicht für die Initiatoren und Gruppen jetzt leicht ist zu handeln oder nicht bzw. welche Barrieren sie daran hindern zu handeln. Und da wird in der Regel deutlich, dass es nicht so einfach ist, aktiv zu werden – wegen der Alltagsarbeit, wegen der Unerfahrenheit in Projektarbeit, wegen der Beurteilungssysteme, die Eigeninitiative nicht honorieren usw. Barrieren können räumlicher (unterschiedliche Standorte) oder zeitlicher (Schichtarbeit) Natur sein. Sie können aus Vorschriften oder Verfahrensweisen bestehen, die nicht zulassen, dass ein Thema anders bearbeitet wird als bisher. So soll eine Sensibilisierung dafür erreicht werden, dass die Initiatoren und Gruppen unterstützt werden müssen, wenn sie Ergebnisse produzieren sollen. Und es soll darüber nachgedacht werden, wie die Hindernisse beseitigt werden können.

*Leitung
für die Umsetzung
sensibilisieren*

Dann wird diskutiert, ob das weitere Vorgehen, wie es schon auf der Konferenz dargestellt wurde, noch passt. Die Mitglieder des Leitungsteams werden an ihre Aufgabe – Auftraggeber für eine Gruppe zu werden – erinnert. Vorlieben hierzu zeigen sich und eventuell erfolgen erste Absprachen. Es wird über den Termin eines großen Review-Meetings oder einer weiteren Open-Space-Konferenz gesprochen. Oft wird auch hier deutlich, dass das Leitungsteam sich bald für einen ganzen Tag treffen sollte, um die Ergebnisse der Open-Space-Konferenz im Einzelnen zu diskutieren. Manche der darin aufgekommenen Themen können sehr weit reichend sein und bedürfen einer sorgfältigen Diskussion im kleinen Kreis. Nach dieser ist auch klar, welche Themen die Unterstützung der Leitung finden und welche nicht. Dadurch kann sichergestellt werden, dass an dem Tag, an dem die Initiatoren ihre Projektvorschläge erarbeiten (siehe unten), nicht solche Themen bearbeitet werden, die gar keine Chance auf Realisierung haben.

Drei Kategorien für die Berichte   Das Leitungsteam erhält für die Klausur eine simple Anleitung. Sie sollen alle Berichte aus der Konferenz durchgehen und in drei Kategorien einteilen:

- ❖ Do it!
- ❖ Clarify it!
- ❖ Open Space it!

In die erste Kategorie fallen die Ergebnisse, die so klar sind, dass sie sofort umgesetzt werden können. In die zweite Kategorie fallen diejenigen, die weiter abgeklärt und präzisiert werden müssen, bevor die Umsetzung erfolgt. Zur dritten Kategorie gehören die Ergebnisse, die nicht nur unklar sind, sondern so komplex, dass sie nochmals ausführlich diskutiert werden müssen. Das geeignete Werkzeug kann dann ein halb- oder eintägiger Open Space mit denjenigen sein, die sich für das betreffende Thema besonders interessieren.

Zuletzt wird in der Nachlese mit dem Leitungsteam nochmals in Erinnerung gerufen, welches Ausmaß an Energie, Selbststeuerung, Führung von unten, Gemeinschaft, Konfliktfähigkeit und Zukunftsorientierung in der Open-Space-Konferenz erfahren wurde. Die Mitglieder des Leitungsteams sollen sich fragen, ob sie das auch im Alltag ihrer Organisation erleben. Die Antwort lautet in schöner Regelmäßigkeit »Nein« und leitet zu der Frage über, ob die Leitung die im Open Space erlebten Qualitäten sich auch für ihren Alltag wünscht. Wenn ja, dann kann das der Start für ein neues, viel größeres Abenteuer sein: die Entwicklung hin zu einer »Open-Space-Organisation«.

Jede Organisation ist eine Open-Space-Organisation   Diese Reise verlangt, sich klarzumachen, dass man eigentlich schon eine »Open-Space-Organisation« ist und sich nur hin zu einer »bewussten Open

Space-Organisation« entwickeln muss. Dorthin zu gelangen ist ein umfassender Prozess, der Mut verlangt und die Bereitschaft zu lernen. Bislang hatte ich noch keinen Kunden, der den ganz großen Sprung gewagt hat.

Doch Ansätze in die richtige Richtung sind jedoch durchaus erfolgt und ermutigen mich, an dieser Stelle weiterzugehen. Ein Ansatz besteht darin, zu spezifischen, geschäftlich drängenden Themen kleinere und kürzere Open-Space-Konferenzen durchzuführen. Solche Themen ergeben sich gelegentlich schon aus der großen Open-Space-Konferenz. Die kleinen und kurzen Open-Space-Konferenzen zeigen, dass sich diese Methode auch ohne großen Aufwand, in begrenzter Zeit (halber oder ganzer Tag) und mit einem speziellen Fokus einsetzen lässt. In einer kürzlich erfolgten Nachlese mit der Leitung wurde beispielsweise beschlossen, eine kleine Konferenz zum Thema »Kooperationen mit externen Partnern« durchzuführen. Diese zeigte, dass man mit Open Space sehr wohl wichtige geschäftliche Themen voranbringen kann. Und mehrere solcher Konferenzen werden Open Space rasch zu einem beliebten Werkzeug im Unternehmen machen.

Ermutigende Ansätze

Eine andere Idee, die erfolgreich eingeführt wurde, ist die Etablierung einer alle sechs bis acht Wochen regelmäßig stattfindenden Konferenz der obersten 30+-Führungskräfte des Unternehmens. In diesen Foren mit feststehendem Teilnehmerkreis findet zuerst immer etwa eine Stunde Information »von oben« statt. Danach wird in zwei kurzen Open-Space-Runden gearbeitet und werden deren Ergebnisse dem Plenum präsentiert. Eine besonders reizvolle Erweiterung dieser regelmäßigen Foren besteht darin, immer drei oder fünf zusätzliche leere Stühle aufzustellen. Und auf diese Stühle kann sich jeder Mitarbeiter setzen, der Interesse hat, einmal an einem solchen Forum teilzunehmen oder sogar etwas einzubringen. Es dauert, bis von den Mitarbeitern der Mut aufgebracht wird, die Chance der leeren Stühle zu ergreifen. Doch ist es gelungen, ein »Gefäß« zu schaffen, das starre hierarchische Grenzen aufweicht und den freieren Fluss von Informationen erlaubt. Und während nach meinem Eindruck die meisten regelmäßigen Versammlungen der obersten 30 oder 50 Führungskräfte unbefriedigend verlaufen, trifft dieses Forum auf große Akzeptanz. Es zieht nicht Energie ab, sondern erneuert sie.

Regelmäßige Konferenz mit Open-Space-Runden

Der »Kick-off« der Projekte

Open-Space-Konferenzen tendieren dazu, Projekte zu erzeugen, die komplex sind. Damit sind Projekte gemeint, die mehr als eine Abteilung berühren und bei denen mehrere »Interessengruppen« berücksichtigt werden müssen, wenn

Projektarbeit geplant und bewusst angehen

das Projekt ein Erfolg werden soll. Was für das erfolgreiche Leiten eines solchen Projekts erforderlich ist, wird oft unterschätzt. Kleine Klippen werden nicht gesehen und wachsen sich bei Nichtbeachtung zu ernsthaften Barrieren aus. Daher ist es hilfreich, diejenigen Gruppen, die nach der Konferenz weiterarbeiten wollen, auf ihre Aufgabe vorzubereiten. An einem Tag, der etwa drei Wochen nach der Open-Space-Konferenz stattfindet, kommen aus jeder Gruppe ein bis zwei »Aktive« zusammen, erarbeiten einen Projektvorschlag, machen sich die Interessengruppen und damit verbundenen Klippen bewusst und planen, wie sie damit am besten umgehen. Das Ergebnis wird eine Woche später der Geschäftsleitung in einem »Kick-off« vorgestellt.

Regelmäßige Treffen zu Projekten

In diesem »Kick-off« werden zwischen Umsetzern (den Initiatoren) und Auftraggebern (dem Leitungsteam) die Aufträge geklärt. Sind auf diese Weise die Weichen für die Implementierung gestellt, können die Gruppen anfangen zu arbeiten. In vierwöchigen Treffen der Leiter der Projektgruppen mit einem Geschäftsführer und gegebenenfalls einem Berater – die zusammen die Steuergruppe bilden – werden Hindernisse sichtbar gemacht und beseitigt. Manchmal wird den Projektgruppen die Möglichkeit zusätzlicher Beratung angeboten. Dann müssen sie in der Steuergruppe begründen, warum sie Beratung brauchen, und die Steuergruppe entscheidet, ob sie welche bekommen. Das Finale ist im besten Fall eine weitere Open-Space-Konferenz, zu deren Beginn (am besten am Vorabend) die Ergebnisse der letzten dargestellt werden.

Follow-up variiert natürlich

Das hier dargestellte Vorgehen für das Follow-up nach Open-Space-Konferenzen ist keinesfalls das einzig mögliche. In Unternehmen, wo zwischen 50 und 200 Teilnehmer an der Open-Space-Konferenz teilgenommen haben, scheint es mir passend zu sein. In manchen Fällen lässt sich der Ablauf vereinfachen. Und wenn an der Konferenz mehr als 200 Personen teilgenommen haben (und mehr als 40 Themen entstehen), braucht es in der Regel noch komplexere Strukturen. Dann kann es sinnvoll sein, schon vor dem »Kick-off« eine Steuergruppe einzurichten, die hilft, Themen zu sortieren, gegebenenfalls zusammenzulegen und unterschiedlichen Vorständen bzw. dem Gesamtvorstand zuzuordnen. Ebenso gibt es dann vielleicht nicht nur einen »Kick-off«, sondern mehrere für die verschiedenen Geschäftsfelder und Ressorts. Die notwendigen Strukturen sind schon vorher sorgfältig zu überlegen. Dazu gibt dieser Bericht hoffentlich ein paar brauchbare Anregungen.

Schlussfolgerungen aus den Open-Space-Beispielen

Um das Buch abzurunden, sind im Folgenden fünf Hypothesen aufgestellt. Sie orientieren sich an den Erfolgsvoraussetzungen zum erfolgreichen Einsatz von Open Space, s. S. 17. Anhand einiger Open-Space-Beispiele werden diese Annahmen auf ihre Richtigkeit überprüft.

Die Hypothesen für den erfolgreichen Einsatz von Open Space und für die Umsetzung der Ergebnisse lauten:

❖ These 1: Der Schlüssel zu einer gelungenen Open-Space-Veranstaltung ist die persönliche Betroffenheit bzw. die Leidenschaft und die Verantwortung der Teilnehmenden.
❖ These 2: Zur Bewältigung der Situation braucht es eine heterogene Teilnehmerschaft.
❖ These 3: Auch wenn das Leitthema konfliktär ist, funktioniert Open Space.
❖ These 4: Die Moderation muss die Kontrolle an die Teilnehmenden abgeben, sonst ist das Open Space gefährdet.
❖ These 5: Die Umsetzung der Ergebnisse muss vor der Open-Space-Veranstaltung geplant werden, sonst bleiben Chancen ungenutzt.

These 1:
Der Schlüssel zu einer gelungenen Open-Space-Veranstaltung ist die persönliche Betroffenheit bzw. die Leidenschaft und die Verantwortung der Teilnehmenden

---

Diese Hypothese wird durch Erkenntnisse aus der Veranstaltung des Deutschen Roten Kreuzes (s. S. 75ff.) in Berlin bestätigt. 300 Mitarbeiterinnen und Mitarbeiter war zum Zeitpunkt des Open Space bereits gekündigt worden. Dringlich war die persönliche Situation für die ehemaligen Mitarbeiter daher allemal. Trotzdem sie die Kündigung bereits erhalten hatten, kamen 60 Menschen, um über ihre persönliche Perspektiven außerhalb des DRK zu diskutieren und sich gegenseitig zu unterstützen.

Persönliche Betroffenheit

Das Beispiel von Beate von Devivere (s. S. 98ff.) unterstützt ebenfalls die Annahme, dass der durch persönliche Betroffenheit entstehende Leidensdruck förderlich für das Gelingen einer Open-Space-Veranstaltung ist. 300 Personen nahmen an der Tagung teil. Eine Abfrage ergab, dass die Personen, welche sich vorwiegend an einer aktuellen Fachdiskussion interessiert zeigten, zum großen Teil vom Kongressergebnis enttäuscht waren. Aber wer sonst, wenn nicht sie selbst hätten gerade diese Themen benennen und behandeln können? Da sie dies jedoch nicht taten, liegt der Schluss nahe, dass die persönliche Betroffenheit für das Thema nur gering war. Die Konsequenz war Unzufriedenheit. Ferner deutet die am zweiten Tag der Konferenz beobachtete nachlassende Selbstverantwortung sowie das geringere Engagement der Teilnehmer darauf hin, dass sie wenig Leidenschaft für das Thema entwickelten.

Interessant ist die Beobachtung einer Veranstaltung von politisch aktiven Frauen aus Berlin (s. S. 82ff.). Diese schlossen das Open Space bereits vorzeitig nach zwei Workshop-Einheiten, ganz nach dem Prinzip »Vorbei ist vorbei«. Ziel der Veranstaltung – bei der Zeit für drei Workshop-Einheiten gewesen wäre – war es unter anderem, politisch engagierte Frauen zu aktivieren und Netzwerke über Parteigrenzen hinweg zu knüpfen. Offenbar kein Ziel, das große Betroffenheit auslöste. Sonst hätten die Anwesenden die verfügbare Zeit genutzt. Obwohl offenkundig keine große persönliche Betroffenheit bestand, war es für die Teilnehmerinnen dennoch ein produktiver und ereignisreicher Tag. Das Open Space hatte funktioniert. Warum? Worin liegt der Unterschied zu der Veranstaltung des von Beate von Devivere beschriebenen Kongresses? Die Teilnehmerinnen waren am Thema sehr interessiert. Großes Interesse genügte, um sich für einen halben Tag zum Thema auszutauschen.

Ein anderes Beispiel: Über einen ganzen Tag führte Susanne Weber mit Beratern, Kunden und Kooperationspartnern eine Veranstaltung durch (s. S. 113ff.). Fragen rund um die Beraterbranche waren das Thema. Auch hier fiel die Beurteilung der Veranstaltung positiv aus. Das Open Space wurde als produktiv und intensiv bezeichnet. Es gab Raum für viele Absprachen. Dieses Beispiel zeigt ebenfalls, dass persönliche Betroffenheit für ein gutes Open Space nicht unbedingt bestehen muss. Zu manchen Anlässen genügt ein großes Interesse.

Leidenschaft und Verantwortung — Bei der Veranstaltung im Volksgarten Wien (s. S. 42ff.) stand nur ein Minimum an Material zur Verfügung. Es gab keine Pinnwände, keine Flipcharts, keinen Kopierer oder Computer. Nicht einmal eine Zeit- und Raumtafel existierte. Alles wurde improvisiert und von freiwilligen Helfern von Zuhause mitgebracht. Obwohl ein solches Open Space doch eigentlich nicht hätte funktionieren können, verlief diese Veranstaltung sehr erfolgreich. Fischer und Kolenaty vermuten, dass dies mit der Leidenschaft und Selbstverantwortung der Anwesenden für das Thema zu erklären sei. Den Menschen, die zu dieser Veranstaltung kamen, lag viel am Thema und ihr Einsatz war groß. Da machte es nicht viel aus, dass die Infrastruktur beschränkt war. Es gesellten sich sogar vorbeikommende Spaziergänger zu der Veranstaltung und entwickelten spontan Leidenschaft und Verantwortung für das Thema.

Aus Leidenschaft zum Thema und aus der Verantwortung heraus, die Situation verändern zu wollen, machten die Mitarbeitenden der hannoverischen Stadtwerke ihre Veranstaltung zum erfolgreichen Ereignis (s. S. 49ff.). Sie waren zum Open Space gekommen, um ein neues Steuerungsverfahren in ihrer Abteilung einzuführen. Doch ihre Überlegungen gingen weit über Abteilungsgrenzen hinaus. Sie wussten von der schwierigen Situation der Stadtwerke auf dem deregulierten Energiemarkt. Ihnen war auch bewusst, dass ihre Arbeitsplätze gefährdet sein könnten. So erarbeiten sie ein Konzept, wie sich ihre Abteilung am Markt platzieren könnte. Sie verfolgten die Absicht, ihrem Unternehmen zusätzliche Einnahmen zu verschaffen und ihre Arbeitsplätze zu sichern. Dabei sprengten ihre strategischen Aktivitäten den Rahmen der thematischen Zielsetzung für die Open-Space-Veranstaltung.

Leidenschaft zum Thema

Die Leidenschaft für die Reorganisation der Schweizer Mittelschulen (Gymnasien) aus Sicht der Schülerinnen und Schüler (s. S. 143ff.) trieb die Teilnehmenden dazu an, sich trotz ihrer unterschiedlichen Regions- und Sprachraumzugehörigkeit gemeinsam für die Zukunft einzusetzen. Ihr Zusammenhalt ging weit über die Veranstaltung hinaus. Die Autorin Helena Neuhaus schreibt dazu: »Die einzige Voraussetzung ist, dass alle Beteiligten eine gemeinsame Vision vor Augen haben und vom Wunsch beseelt sind, über Organisations- und Regionsgrenzen hinweg an deren Realisierung zu arbeiten.«

Leidenschaft für die Reorganisation

Es bleibt festzuhalten, dass persönliche Betroffenheit für ein gelungenes Open Space ein wichtiges Element sein kann. Manchmal reicht jedoch auch großes Interesse am Thema. Leidenschaft und Verantwortung lassen sich jedoch als Schlüssel zu einer erfolgreichen Veranstaltung erkennen.

These 2:
Zur Bewältigung der Situation braucht es eine heterogene Teilnehmerschaft

---

Zur Vielfalt der Teilnehmerschaft empfiehlt Michael Stiefel in seinem Beitrag, (s. S. 67ff.) im Rahmen von Bürgerbeteiligung im Quartier, Bürgerinnen und Bürger nach dem Zufallsprinzip sowie zusätzlich »ausgewählte« Bürger einzu-

Den Rahmen für Heterogenität schaffen

laden. Damit würde eine »gute« Mischung der Bewohner sowie der Gewerbetreibenden bei der Veranstaltung erreicht. Würde »wahllos« eingeladen, bestünde das Risiko, dass nur die sowieso aktiven Personen kommen würden. Auf ungewöhnliche Art lud man zur Veranstaltung »Zivilcourage gegen rechte Gewalt« (s. S. 127ff.) ein. Die Einladung wurde tausendfach von freiwilligen Helfern in der Stadtbahn verteilt. Auf Grund der gesammelten Erfahrung wird allerdings empfohlen, gezielter einzuladen, um einen repräsentativen Querschnitt der Bevölkerung zu erreichen. Beim ersten Beispiel sei die Frage erlaubt, ob nicht – selbst wenn nur die aktiven Bürger kämen – der Erfolg der Konferenz zu erwarten gewesen wäre und damit die Situation hätte bewältigt werden können? Das zweite Beispiel weist auf den erwähnten Überhang älterer Menschen hin. Obwohl die Bevölkerung nicht repräsentativ vertreten war, waren die Menschen doch sehr von ihren Ergebnissen überzeugt.

Vielfalt selbst in der Bestimmung der Heterogenität

Ein anderes Beispiel betrifft die Konferenz von Helena Neuhaus (s. S. 143ff.) Hier trafen sich ausschließlich Jugendliche. Die Vielfalt der Teilnehmerschaft wurde nur durch das unterschiedliche Alter und eher in Bezug auf regionale Herkunft- und Sprachzugehörigkeit erreicht. Dennoch wurde eine Menge Themen vorgeschlagen und auch umgesetzt. Aufgrund dieser Annahme wurden zu jedem in diesem Buch beschriebenen Anlass Menschen unterschiedlicher Berufe, Funktionen, Hierarchien, Interessengruppen, Organisationen, Herkünften und Altersgruppen eingeladen und schließlich auf der Veranstaltung vielfältige Resultate erarbeitet. Es bleibt je Fall immer wieder von neuem zu klären, auf welche Kriterien sich die Vielfalt der Teilnehmenden beziehen muss, um die Situation zu verändern.

These 3:
Auch wenn das Leitthema konfliktär ist, funktioniert Open Space

---

Im Entscheidungsprozess der ÖTV zur Fusion von ver.di. (s. S. 33ff.) barg das Leitthema viele Konflikte in sich. Es herrschte Streit in der Gewerkschaft. Befürworter und Kritiker von ver.di standen sich in festgefahrenen Positionen gegenüber. Die Situation war dramatisch zugespitzt. Für die Entscheidung über die Auflösung der ÖTV und der Bildung von ver.di sollte ein konstruktives Dialogumfeld geschaffen werden. Es ging darum, unterschiedliche Meinungen zu hören, zu diskutieren und wertzuschätzen. Keine der Meinungen zur Fusion sollte bevorzugt werden. Eine ausführliche Einführung sollte den Teilnehmenden helfen, aufeinander zuzugehen, die Anliegen der Veranstaltung zu verstehen und Vertrauen in die Arbeitsform zu gewinnen. Ferner wurden im Anschluss an die Veranstaltung die Themen nicht priorisiert. Sie sollten alle gleichwertig nebeneinander stehen bleiben. Stattdessen wurden Arbeitsschritte angeboten, die zum einen die individuellen Befindlichkeiten der Teilnehmenden ansprachen und zum anderen die Gemeinschaft förderten. Schließlich hat die Open-Space-Veranstaltung eine Grundlage für die Entscheidung über ver.di geschaffen.

Die hier gewonnene Erfahrung bestätigt, dass im Open Space auch ein konfliktäres Thema behandelt werden kann, auch wenn es bereits Streit und Frontenbildung gibt. Der entscheidende Faktor scheint jedoch die sensible Anpassung des Open-Space-Designs an die empfindliche Situation zu sein.

Sensible Anpassung des Open-Space-Designs

> ### These 4:
> ### Die Moderation muss die Kontrolle an die Teilnehmenden abgeben, sonst ist das Open Space gefährdet

Marianne Gerber (s. S. 106ff.) schreibt in ihrem Beitrag über ein Eingreifen seitens des Moderatorenteams in der Konvergenzphase. Zu den am meisten gewerteten Themen konnten Vertiefungs-Workshops initiiert werden. Die Intervention bestand darin, dass die Workshop-Initiatoren die Anweisung erhielten, innerhalb von wenigen Tagen den Organisatoren der Veranstaltung ihr Protokoll über ihre Ergebnisse einzureichen. In der Konsequenz wurde zu dem meist bewerteten Thema »Mitarbeiterzufriedenheit« kein Vertiefungs-Workshop angeboten. Es blieb vorerst für die Umsetzung unbearbeitet. Das Ausüben von Kontrolle hat das Open Space bzw. die Ergebnis-Umsetzung gefährdet. Das für die Teilnehmenden wichtigste Thema wurde nicht weitergeführt. Doch später wendete sich das Blatt. Die Teilnehmenden diskutierten dieses Thema nach der Veranstaltung auf Eigeninitiative online weiter. Sieben Monate später sollte dazu eine weitere Open-Space-Veranstaltung stattfinden.

Kontrolle hatte negative Auswirkungen

Auf der Veranstaltung von Martin Lüdemann (s. S. 127ff.) wurde die Kontrolle des Prozesses ebenso nicht vollständig an die Teilnehmenden abgegeben. Auf dieser Veranstaltung gab es Personengruppen (vorwiegend im hohen Alter), die nach Einschätzung des Veranstaltungsteams Hilfestellung bei der Anwendung der Methode brauchten. Deshalb begleiteten sie Teammitglieder in die Workshop-Räume und schrieben deren Protokolle.

Diese Form der Einwirkung auf die Selbstverantwortung der Teilnehmenden schien sich im Gegensatz zu dem erstgenannten Beispiel nicht negativ auf das Open-Space-Ergebnis ausgewirkt zu haben. Es ist wohl eine Frage, in welchem Ausmaß sich Interventionen auf die Teilnehmenden ausüben.

> **These 5:**
> **Die Umsetzung der Ergebnisse muss vor der Open-Space-Veranstaltung geplant werden, sonst bleiben Chancen ungenutzt**

Umsetzung begleitet

Dazu schreibt Ralph A. Höfliger in seinem Beitrag (s. S. 89ff.), wie die Projektideen aus vier Open-Space-Veranstaltungen in einen zweijährigen Prozess mündeten. Die Eingliederung der Projekte in das Unternehmen begann jeweils mit der Konvergenzphase, in der die Projekte bestimmten Zuständigkeitsbereichen zugeordnet wurden. Später wurden sie anhand dieser Kategorien gebündelt und koordiniert. Die Projektgruppen arbeiteten unter Zuhilfenahme von Spielregeln, Zielsetzungen und Verantwortlichkeiten. Flankierend wirkten unter anderem Interventionen mit der Führung. Ein Beratungsteam begleitete den Prozess.

Umsetzungsphase selbst organisiert

Auch die Umsetzungsphase bei den hannoverischen Stadtwerken wurde im Vorfeld geplant (s. S. 49ff.). Jedoch arbeiteten die Gruppen ohne externe Beratung. Unter dem Strich verlief die Realisierung der Ergebnisse zwar erfolgreich, doch die Präsenz einer externen Begleitung hätte wahrscheinlich dafür Sorge tragen können, dass die Erfolge des Prozesses länger von den Betroffenen wahrgenommen und im Unternehmen wirksam blieben. Chancen schienen hier ungenutzt geblieben zu sein.

Damit am Ende der Veranstaltung nicht durch ungeschickte Aussagen der Führung die Umsetzungsenergie geschmälert und Chancen vertan werden, beschreibt Matthias zur Bonsen die Wichtigkeit des Schlusswortes der Führung (s. S. 159ff.). Mit diesen abschließenden Worten wird den Mitarbeitenden das Versprechen gegeben, dass die Projektideen von den Mitarbeitern weiterverfolgt werden können, aber nicht müssen, dass die Führung die Umsetzung unterstützt und eine Folgeveranstaltung stattfinden wird.

Alle Ergebnisse als Chance gewertet

Um nicht die kleinste Chance zu vertun, wertete eine Redaktionsgruppe die Protokolle der Veranstaltung von Brünjes und Bösterling aus (s. S. 150ff.). Der Fokus lag auf den umsetzungsreifen Ideen. Diese wurden dann für eine schnelle Entscheidung vorbereitet. Parallel dazu arbeiten die Umsetzungsgruppen an den komplexeren Themen.

Wie der Aktionsdrang der Teilnehmenden nachhaltig bewahrt werden kann, zeigt Eva Wimmer (s. S. 121ff.). Und das, obwohl die Teilnehmenden aus unterschiedlichen Organisationen kommen, keine Arbeitsbeziehungen haben und teilweise sogar Konkurrenten sind. Im Fall ADAPT-Transfer trägt der Veranstalter die Verantwortung für die Umsetzung der Projektideen. Er ist das Zentrum, bei dem alle Fäden der verschiedenen Organisationen oder Interessengruppen zusammenlaufen. Von hier aus wurden Informationskampagnen gestartet, Entwicklungsprojekte angestoßen und Entscheidungsvorlagen an Politiker herangetragen. Eine gute Öffentlichkeitsarbeit, so Wimmer, wird als wesentliches Element gesehen, um die Flamme der Veranstaltung am Brennen zu halten.

Umsetzung in temporären Organisationen

Doch nicht immer wurde eine Umsetzung der Ergebnisse geplant. Nicht immer war sie ein Ziel der Veranstaltung. Den Teilnehmerinnen und Teilnehmern auf der Veranstaltung »Open Ohr: Beraten im Netzwerk« (s. S. 113ff.) ging es zum Beispiel »nur« darum, sich auszutauschen. Ihnen hat die Veranstaltung Spaß gemacht, war erkenntnisreich und intensiv. Eine Weiterführung der Ergebnisse strebten sie nicht an.

Follow-up nicht immer wichtig

Sofern es sich um Situationen mit Handlungsbedarf handelt, ist es auf Grund der gesammelten Erfahrungen wichtig, die Umsetzung im Vorfeld konzeptionell festzulegen. So kann der Tatendrang der Teilnehmenden in weiterführenden Aktionen aufgefangen werden. Doch im Falle des Austausches bzw. der Gestaltung einer lebendigen Konferenz ist dies nicht notwendig. Eröffnete Chancen werden noch auf der Konferenz bzw. informell durch persönliche Verabredungen genutzt.

Literaturverzeichnis

Attems, R./Hauser, M.: Führen zwischen Hierarchie und …, Komplexität nutzen – Selbstorganisation wagen, Versus Verlag, Zürich 2001.

At Work, Stories of Tomorrows' Workplace, Systems Thinking in Action, Heft 4/4, Berrett-Koehler Publishers, San Francisco 1995

At Work, Stories of Tomorrows' Workplace, open Space – A Simple Way of Being, Heft 6/2, Berrett-Koehler Publishers, San Francisco 1997

Baas, B., Schneller Wandel in großen Gruppen, in: wirtschaft & weiterbildung Heft 9/1999

Binner, H. F./Weinreich, U.: Open Space-Konferenz: Neue Ideen für den REFA-Verband – Prozessorientierte Arbeitsorganisation, in: REFA-Nachrichten Heft 2/2001, S. 14–16.

Bonsen, M. zur, Mit der Konferenzmethode Open Space zu neuen Ideen, in: Harvard Business Manager Heft 3/1998

Bonsen, M. zur, und Lau-Villinger, D., Die Methode Open Space, in: Handbuch Personalentwicklung Heft 9/1999

Bunker, B., und Alban, B., Large Group Interventions, Engaging the Whole System for Rapid Change, Jossey-Bass Inc. Publishers, San Francisco 1997

Devivere, von B./Irskens, B./Vogt, H.: Aufbrüche – Fachberatung gestaltet den Wandel. Zweiter bundeszentraler Kongress zur Fachberatung für Kindertageseinrichtungen in Erfurt, in: Nachrichten aus dem Deutschen Verein Heft 9/2000, S. 275–281.

Ebeling, I., Open Space Technology – Fragen und erste Antwortung, in: AGOGIG Heft 4/97

Feichtinger, C.: Individuelle Wertorientierungen und Kulturstandards im Ausland – Theorie, Empirie und Anwendung bei der Auslandsentsendung von Mitarbeitern, Wien 1996, S. 38ff.

Haller, M.: Identität und Nationalstolz der Österreicher, Wien/Köln 1996, S. 511f.

Herzog, I., Marktplatz der Ideen (Open Space), in: managerSeminare Heft 35/1999

Hofstede, G.H.: Interkulturelle Zusammenarbeit: Kulturen – Organisationen – Management, Wiesbaden 1993, S. 42ff.

Holman, P., und Devane, T., The Change Handbook, Group Methods for Shaping the Future, Berrett-Koehler Publishers, San Francisco 1999

Kakabadse, A. et al.: Austrian Boardroom Success: A Comparative Analysis of Top Management. WdF-Edition, Bd. 19, 1992.

Königswieser, R./Keil, M.: Das Feuer großer Gruppen, Klett-Cotta, Stuttgart 2000.

Leith, M., Open Space Technology – An Innovative Way to Manage Meetings and Conferences, in: Organisation & People, 01.01.1994, S. 10–14

Maleh, C.: Open Space, die etwas andere Konferenzmethode, in: Stiftung Mitarbeit Rundbrief Bürgerbeteiligung Heft 2/1998

Maleh, C.: Open Space: Eine bahnbrechende Methode der Personal- und Organisationsentwicklung, in: Personal, Heft 11/2000, S. 610–614.

Maleh, C.: Open Space: Effektiv arbeiten mit großen Gruppen, Ein Handbuch für Anwender, Entscheider und Berater, Beltz Verlag, Weinheim und Basel ²2001.

Petersen, H.-C.: Open Space in Aktion, Kommunikation ohne Grenzen, Jungfermann, Paderborn 2000.

Petri, K., Let's Meet in Open Space! Die Story von Kaffeepausen, Chaotischen Attraktoren und Organisationstransformation, in: Organisationsentwicklung, Heft 2/96, S. 56–65

Owen, H.: Die Kraft der Gruppe, Open Space, in: managerSeminare, Heft 05/2001, S. 86–95.

Owen, H.: Erweiterung des Möglichen, Die Entdeckung von Open Space, Klett-Cotta, Stuttgart 2001.

Owen, H.: Open Space Technology, Ein Leitfaden für die Praxis, Klett-Cotta, Stuttgart 2001

Owen, H.: Expanding our Now, The Story of Open Space Technology, Berrett-Koehler Publishers, San Francisco 1997.

Witthaus, U./Wittwer, W.: Open Space, Eine Methode zur Selbststeuerung von Lernprozessen in Großgruppen, W. Bertelsmann Verlag, Bielefeld 2000.

Bildnachweis

S. 12, 14, 19, 20, 35, 41, 50, 59, 63, 68, 73, 76, 84, 99, 101, 107, 115, 130, 136, 137, 152, 161 Ulrike Rath, Aachen

S. 23 Carole Maleh, Hannover

S. 43 Der Theseus-Tempel im Volksgarten zu Wien, 1827, Kupferstich

S. 46 Erich Kolenaty, Wien

S. 79 Reinhard Frommann, Berlin

S. 89, 95 Ralph A. Höfliger, Aeugst am Albis

S. 144 Helena Neuhaus, Zürich

Die Autorinnen und Autoren

Dr. Matthias zur Bonsen	
Organisation:	all-in-one zur Bonsen & Associates
Straße/Ort:	Dalbigsbergstr. 11, D-61440 Oberursel
Telefon/Fax:	0049/6171/56251; 0049/6171/56255
E-Mail-Adresse:	zur.bonsen@all-in-one-spirit.de
Homepage:	www.all-in-one-spirit.de
Burkhard Bösterling	
Organisation:	Weiterbildungsstudium Arbeitswissenschaft Universität Hannover
Straße/Ort:	Lange Laube 32, D-30171 Hannover
Telefon:	0049/511/7624921
E-Mail-Adresse:	B.boesterling@mbox.wa.uni-hannover.de
Homepage:	www.wa.uni-hannover.de
Iris Brünjes	
Organisation:	Weiterbildungsstudium Arbeitswissenschaft Universität Hannover
Straße/Ort:	Lange Laube 32, D-30171 Hannover
Telefon:	0049/511/7624969
E-Mail-Adresse:	Bruenjes@mbox.wa.uni-hannover.de
Homepage:	www.wa.uni-hannover.de
Beate von Devivere	
Organisation:	bvd Consult
Straße/Ort:	Wallstr. 99, D-61440 Oberursel
Telefon/Fax:	0049/6171/54547; 0049/6171/54541
E-Mail-Adresse:	beatevondevivere@gmx.de

Florian Fischer

Straße/Ort:	Münchner Str. 3, D-10779 Berlin
Telefon:	0049/30/211/6752
E-Mail-Adresse:	Florian_Fischer@ff-wey.com
Homepage:	www.ff-wey.com

Reinhard Frommann

Straße/Ort:	Nestorstr. 1, D-10711 Berlin
Telefon/Fax:	0049/30/32708650; 0049/30/32708651
E-Mail-Adresse:	frommann@dialup.nacamar.de

Marianne Gerber

Organisation:	Heimverband Schweiz
Straße/Ort:	Postfach, CH-8034 Zürich
Telefon/Fax:	0041/1/3859181; 0041/1/3859199
E-Mail-Adresse:	mgerber@heimverband.ch

Arnuf Greimel

Organisation:	Entwicklungsprozesse gestalten
Straße/Ort:	Erfurter Weg 18, D-71672 Marbach
Telefon/Fax:	0049/7144/91829; 0049/7144/863949
E-Mail-Adresse:	arnulf@pro-greimel.de
Homepage:	www.pro-greimel.de

Ralph Höfliger

Organisation:	Complex Change AG
Straße/Ort:	Ruchacherstr. 10, CH-8914 Aeugst am Albis
Telefon/Fax:	0041/1/7763311; 0041/1/7763314
E-Mail-Adresse:	hoefliger@complex-change.com
Homepage:	www.complex-change.com

Erich Kolenaty

Organisation:	TRANSFORMATION Unternehmensentwicklung
Straße/Ort:	An der Bien 21, A-1220 Wien
Telefon/Fax:	0043/1/2808867
E-Mail-Adresse:	e.kolenaty@utanet.at

Martin Lüdemann	
Organisation:	Luedemann & Partner Beratende Wirtschaftspsychologen
Straße/Ort:	Marktplatz 3, D-64283 Darmstadt
Telefon/Fax:	0049/6151/24780; 0049/6151/25808
E-Mail-Adresse:	martin@slp-wirtschaftspsychologen.de
Carole Maleh	
Organisation:	CAMA Institut für Kommunikationsentwicklung
Straße/Ort:	Brehmstr. 28, D-30173 Hannover
Telefon/Fax:	0049/511/2832055; 0049/511/8112536
E-Mail-Adresse:	Carole.Maleh@cama-institut.de
Homepage:	www.cama-institut.de
Dr. Christiane Müller	
Organisation:	Christiane Müller, Beratung
Straße/Ort:	Pfeilgasse 51/33, A-1080 Wien
Telefon/Fax:	0043/664/2312769
E-Mail-Adresse:	christiane.mueller@aon.at
Traute Müller	
Organisation:	TMC, Traute Müller Consulting
Straße/Ort:	Behringstr. 5, D-22765 Hamburg
Telefon/Fax:	0049/40/4227749; 0049/40/4223493
E-Mail-Adresse:	TMC.Hamburg@t-online.de
Marianne Munzel	
Organisation:	Munzel Beratung und Schulung
Straße/Ort:	Spenerstr. 20, D-10557 Berlin
Telefon/Fax:	0049/30/3922896; 0049/30/39103827
E-Mail-Adresse:	marianne.munzel@arcormail.de

Helena Neuhaus

Organisation:	Zukunftsgestaltung
Straße/Ort:	Nordstr. 148, CH-8037 Zürich
Telefon/Fax:	0041/1/3626177; 0041/1/3626347
E-Mail-Adresse:	helena.neuhaus@zukunftsgestaltung.ch
Homepage:	www.zukunftsgestaltung.ch

Petra Radeschnig

Organisation:	Petra Radeschnig, Organisationsberatung
Straße/Ort:	Neubaugasse 36/3/39, A-1070 Wien
Telefon:	0043/1/5265565
E-Mail-Adresse:	comte.ss@vienna.at

Michael Stiefel

Organisation:	Kairos Consult
Straße/Ort:	Sophienstr. 6, D-10178 Berlin
Telefon:	0049/30/28385505
E-Mail-Adresse:	kairosconsult@aol.com

Dr. Susanne Weber

Organisation:	Institut für Erziehungswissenschaft der Philipps-Universität Marburg
Straße/Ort:	Willhelm-Roepke-Str. 6b, D-35032 Marburg
Telefon/Fax:	0049/6421/282-3589; 0049/6421/282-8946
E-Mail-Adresse:	webers@mailer.uni-marburg.de
Homepage:	staff-www.uni-marburg.de/~webers

Eva-Maria Wimmer

Straße/Ort:	Jagdweg 19a, D-53115 Bonn
Telefon/Fax:	0049/228/264213; 0049/228/264213
E-Mail-Adresse:	beyhoff-wimmer@gmx.de

W BELTZ WEITERBILDUNG

Carole Maleh
Open Space:
Effektiv arbeiten mit großen Gruppen
Ein Handbuch für Anwender, Entscheider
und Berater.
156 S. Pappband.
ISBN 3-407-36363-X

Open Space: Diese neue Methode für die Arbeit
mit großen Gruppen bietet ungeahnte Möglichkeiten. Die Veranstaltung steht unter einem Leitthema, zu dem die Teilnehmenden selbst die Initiative ergreifen, es in Einzelthemen aufgliedern
und in Workshops genau die für sie interessanten Aspekte behandeln. Das Wissen von
Beteiligten wird unabhängig von Hierarchien
erschlossen. In kürzester Zeit werden Ideen,
Lösungs-vorschläge und Maßnahmen entwickelt. So lässt sich ein nachhaltiger Wandel
auf einer breiten Basis durchführen. Open
Space ist interessant für alle, die nach neuen
Arbeitsmethoden suchen, um Beteiligte erfolgreich zu motivieren, Veränderungen voran-
zutreiben und langfristige Ergebnisse zu erzielen.

Aus dem Inhalt:
Open Space in der Anwendung; Der Werk-
zeugkasten; Die Durchführung; Die Open
Space-Praxis; Häufige Fragen.

»Das Handbuch von Carole Maleh gibt einen
ausführlichen Einblick in die Funktionsweisen
der Open Space-Methode sowie Tipps zu deren Anwendung.« *Personalführung*

»Ausführlich, zugleich aber prägnant und gut
lesbar, wird dargestellt, was die Methode
kennzeichnet, worauf es bei ihr ankommt, mit
welchen Werkzeugen gearbeitet wird, wie sie
durchgeführt, vor- und nachbereitet wird.«
Organisationsentwicklung

»Fazit: Ein sachlicher, durchdachter Praxisleit-
faden, der angehende Konferenzbegleiter
rundherum informiert.« *TRAINING aktuell*

Beltz Verlag · Postfach 100154 · 69441 Weinheim · www.beltz.de